改訂
乳児保育

一人ひとりが大切に育てられるために

吉本 和子

郁洋舎

目　次
....

保育の基本は乳児期から
一人ひとりを大切に育てる

乳児期からの積み重ねが大切

　子どもが生まれてからの3年間で、どのようなおとなに出会うのか、どのような体験をするのかで、その子どもの将来に大きな影響が与えられます。信頼関係を築いたおとなのもとで、どのような関わりで生活習慣を身につけるのか、どのような環境であそぶのかはとても大切です。乳児保育はその重要な役割を担っています。

　保育施設は、お母さんお父さんなどご家庭以外のおとなに子どもが初めて出会う場所です。社会で自立したおとなになるまでの長い長い道のりの初めの一歩である、人生で最も大切な過程を支援しています。

　保育の現場では、応答的で主体的な保育をめざしてさまざまな実践が模索されています。しかし、私たちが理解しておきたいのは、子どもはあるとき急に、身のまわりのことやあそびに主体的に取り組めるわけではなく、応答的なやりとりができるわけではありません。乳児期から応答的で主体的な体験を積み重ねて、おとなとの信頼関係や生活習慣がしっかりと身についていなければうまくはいかないと思います。

　大切なのは乳児のときからの積み重ねです。子どもが自分でしたいという気持ちを持つまで、おとなが忍耐をもって待つ丁寧な保育が必要です。そうした保育を毎日くりかえした結果として、おとなとの信頼関係が築かれ、自然な生活習慣が身につき、それらを土台に主体的にあそぶ姿が見られます。

　以前に比べて状況は改善されていると思いますが、未だに子ども一人ひとりが大切に育てられていない保育現場に出会うことがあります。よくない例をあげると、昼食時間になったらクラスの子どもが一斉にテーブルに移動させられて、その気持ちも確認されないままに次々とすわらされ、まだ歩けない子どももイスに固定されて、配膳

されるまで待たされます。並んだ子どもたちの口に次々とごはんが放り込まれ、こぼしてもそのまますすめられ、時間内に終わるように急がされます。あそびの場面でも、発達にあっていない環境がつくられ、十分な道具が用意されていないなかで時間をもてあまし、おとな主導のあそびにつきあわされます。このような日々を過ごしながら、幼児になったとたんに自分で考えて意欲的に行動する保育を目指そうにも、それまでと変わらずに、おとなからやらされるだけの日々が続いてしまうでしょう。おとなに言われないと動かない子どもは、おとなが作り出していると思います。

保育者だけの責任ではない

しかしこのことは、子どもと日々向きあう保育者の責任にして片づけるのは酷な話です。これまで、多くの保育現場に伺ってきましたが、子どもの幸せを願っていない保育者に出会うことはありませんでした。前述した保育をされている保育者も、与えられた環境とやり方のなかで、子どものことを真剣に考え、よかれと思ってされていて、悩まれていました。おそらく、一人ひとりを大切に育てる保育を知らなかった、それができるやり方や環境を知らなかった、与えられていなかっただけなのだと思います。子どもが出会う保育に影響されるように、保育者も出会う保育に影響されてしまっているのではないでしょうか。

乳児保育の質を高めるためには、保育の環境と運営方法、保育施設の考え方や組織体制、保育者養成段階など、子どもを取り巻く全体の課題解決として捉える必要があることを、みんなで理解しておかなくてはならないと思います。

習慣を身につける

子どもが身につける習慣には、健康な生活を送るための習慣、たとえばご飯を食べる前に手を洗う、トイレに行ったときに手を洗うといった衛生習慣があります。また、集団生活をしていく上での「ありがとう」「手伝うよ」「使ってもいい？」なども習慣ですし、物を使ったあとは元の場所に戻しておくことで次の人が気持ちよく使えるということも仲間関係を円滑にするための習慣です。これらの習慣は、乳児期から毎日同じことをくりかえして、そうすることが当たり前になっていくことで身につきます。

習慣というのは、ある意味で「体で覚える」ことです。子どもの体がある行動に関連する動きを自然に覚えるということです。たとえば、私たちは目の前にドアがあっ

たら「ドアを開けよう」と考えて開けるのではなく、感覚として自然にノブに手をかけて開けます。そして、ドアを通ったあとに後ろを閉める習慣を身につけています。これは、小さい時からドアを開けて後ろをちゃんと閉めるというのをおとなといっしょにやっていれば、体がそのように覚えていくわけです。手を洗うのも、やはりおとなが手のひらを洗って、手の甲を洗って、指の間も洗って、最後に水を切るという行動、どこから始まってどこで終わるというのを毎日丁寧に目に見えるようにやることによって、子どももそれを普通のこととして身につけていきます。食事の場面でも同じです。「ご飯ですよ」と誘われたら、いつもの場所に向かい、イスをひいてすわり、おしぼりで口や手を拭いて食べ始める。食べ終わったら、また口や手を拭いて、立ってイスを戻す。毎日くりかえしてやっていると自然に体が覚えていきます。

　おとなから教え込まれることではなく、生活しながらいっしょに何度もくりかえすなかで、自ら体で覚えていくのです。これらの習慣が苦にならずに自然に身についていくのは、やはり乳児期からなのです。

一人ひとりに関わるための育児担当制

　生活習慣を身につけるためには、子どもは信頼関係を築いたおとなから丁寧に関わってもらうことが大切です。具体的には、一人ひとりの子どもに特定のおとなが担当保育者となって、毎日の保育のなかでその子どもの生活行為（食事、着脱、排泄など）を援助します。

　このような形態で運営される仕組みは「育児担当制」と呼ばれています。たとえば15人の子どもと3人の保育者がいるクラスでは、この3人の保育者が子ども15人をまとめて対応するのではなく、1人の保育者が5人の子どもの担当になり、一人ひとりの生活行為を援助できるようにします。1人の保育者が1人の生活行為を援助している時、クラスの他の子どものあそびは他の保育者が見守ります。

　育児担当制では、一人ひとりの生活行為に保育者が丁寧に関われるように、子どもそれぞれの発達段階や生活リズムにあわせて保育者の担当とシフトを組み、クラスの日課の流れを一人ひとりの日課が流れるように組んでいきます。

（育児担当制と流れる日課については、p.122 ～参照）

育児担当制が育むもの

　育児担当制は、主には次のことを目的に行われます。

情緒の安定

　食事や排泄などの生活行為について、世話をするおとなが決まっていると、子どもの情緒は安定します。いつも同じおとなのやさしい眼差しに見守られているので、困ったときにはすぐにどうしてほしいか気づいてもらえるし、助けてもらえます。

　おとなにとっても、担当の子どもと日々関わるなかで、子どもの個性や性格、家庭環境などを深く理解して、きめ細かな対応ができます。目に見える運動発達と違って、内面の発達は目に見えにくいものですが、特定のおとなが受け入れる、子どもがわがままが言える関係性のなかで、子どもの内面の発達を支えていくことができるのです。

発達の援助と子どもの理解

　特定のおとなが子どもの発達段階や心理状況などを把握しながら、丁寧に接する結果、生活習慣をきちんと身につけることができます。たとえば、その子どもにとってズボンを履かせてあげることがよいのか、それとも少し横で見ていてあげることがよいのか、「ズボンが逆さまだから、反対にしてごらん」と声をかけるだけでよいのかは、その子どもの発達段階や状況によって異なります。いつもは自分で履くのに、今日は「はかせて」と言ってくる、そういえばお母さんが「昨日はちょっと疲れていた」と言っていたとか、特に理由は見当たらないけど何となくやってほしいのかなど、日頃から子どものことをわかっているおとなは、子どもの気持ちになって考えられます。時には「今日はやってほしいのね」とやってあげる場合もあれば、「あなたならできるよ。私がここで見ているから、やってごらん」と励ます場合もあるでしょう。

　子どもの能力、発達段階とその時の気持ちを的確にキャッチすることで、子どもとの信頼関係をベースに生活行為の自立をすすめることができます。日々の応答的なやりとりを重ねていくことで、言葉や感情などの発達を援助することにもつながります。

　おとなにとって、同じ子どもと関わり、くりかえし接することで、子どもへの見方や理解はかなり深まります。おとな全員で子ども全員を見るというのでは、一人ひとりの変化に気づく力はなかなか育ちません。特定のおとなが特定の子どもの生活に密着しているからこそ、あらゆることに「気づく」可能性が高まります。育児担当制は、子どものためだけでなく保育者が育つためでもあります。

おとなの連携

　おむつ交換や食事を1対1でしている時、他の子どもはどうしているかというと、ベッドに入っている場合や、起きてあそんでいる場合があります。起きてあそんでいる場合には、他のおとながプレイルームで見守ることになります。担当の子どもが放っておかれる状態にならないように、おとなは連携して1日の流れを組みます。子どもを中心におとなが助けあう、チームの関係性が育まれることになります。

安定した生活が見通しをもたらす

　育児担当制では、保育者の間であらかじめルールを決めるなどします。子どもに関わるおとなたちの育児の手順や順番にズレがないようにしておくためです。たとえば、おむつ交換の時に、どのようにおしりを拭き、どのようにおしりを持ちあげるのかなど、やり方が日によって違ったり、人によって違ったりしていては、援助される子どもは見通しを持つことができません。

　子どもにとって「いつもと変わらない」ことはとても大切です。変わらないことで、子どもは安心して身をまかせることができます。もちろん、保育者はロボットのように同じではありませんし、その日の職員のシフトによって違いは出てきます。普段の生活の基本が決まっているから安定、安心しますし、だからこそ違いがある時におとなが説明して、子どもはそれをアクセントや多様性として受け入れてくれます。

　安定した生活のリズムがくりかえされることで、子どもは毎日の生活に対して予測がつきやすくなり、先の見通しを持って自分から主体的に行動することができるようになります。どこに何があるのかという空間的な見通しや、次に何が起こるのかという時間的な見通しがなければ、子どもたちは常に行き当たりばったり、保育者の指示によって受動的に動かされるような生活になってしまいます。

　生活環境が安定していると、おとなの子どもへの関わりにも余裕が生まれます。たとえば、車の運転でも、初めての道では予測がつかないので景色をゆっくり見ている余裕はありませんが、毎日通っている道なら、どこでどちらに曲がるかは体が覚えていますから、いつもやることは無意識のレベルでこなせるようになります。そうなると、風景を見る余裕が生まれ、ちょっとした変化にも敏感になるのです。

　保育において、生活の基本が決まっていることは一見すると機械的に受けとめられますが、むしろ逆に、ちょっとした変化にも気づける敏感性を獲得し、より柔軟な関わりができるようになるための余裕がおとなにも子どもにも生まれるのです。

乳児の生活のための環境づくり

　子どもはまわりの環境や雰囲気に敏感です。適切な環境をつくる必要があります。

　まず、集団生活の場である保育施設として衛生的で掃除が行き届いているということが大前提になります。そして、子どもが自分にとって居心地のよい場所と肌で感じ取れるような環境（ごろんとできる畳や布団があったり、自分の好きな人形があったり、季節のお花が飾ってあったり、窓を開けると自然の風が入ってきたり…）が整えられた、秩序感のある美しさが伴っていることが大切です。

　きちんと整理されていることは、生活行為の援助において重要です。おむつ交換の時には、あらかじめおしりふきやタオルがあり、着替えの服を準備します。食事の時には、いつも同じ場所にテーブルとイスがあり、テーブルクロスが敷かれ、決まった位置にワゴンが置かれ、おとながバタバタとあっちこっちにものを取りに行ったりしなくてもよいようにします。おむつやタオルを取りに行っている間に子どもを待たせることもなくなりますし、子どもに対して余裕をもって対応できます。

　決まったおとなが見てくれることと同様に、決まった場所に必要なものがきちんと置いてあることは、おとなと子どもの気持ちを安定させます。ここはズボンを脱ぐ場所だとか、いつも○○ちゃんがすわって脱いでいたから自分もやってみようというように、子ども自身の気持ちを引き出すこともできます。

　子どもとおとなが生活を見通せるということを意識します。日によって食事の順番や席がバラバラではなく、決まっているということは、次の動きを見通すことができます。そのことで安心して、食事に向かうことができます。子どもだけでなく、私たちおとなも同じではないでしょうか。毎日、違う席で違う人と食事をするというのは疲れるでしょう。毎日、違う場所で違う時間に眠るのは耐えられないでしょう。

　成長を見通した環境をつくることも大切です。春に膝に抱かれて食べている子どもは、秋には自分でイスまで歩いてすわって食べるでしょう。正月明けには、友だち二人といっしょに食べるようになっているでしょう。そうした子どもの成長の変化にあわせて、テーブルやイスの配置も徐々に変化します。

　その上で、子どもたちが「さわってみたい」「あそんでみたい」という道具が、いつでも子どもの手の届くところにあるように準備して、子どもの発達段階にあわせて必要な時に必要な量を出しておきます。あそびの空間の素材と道具も、クラスの子どもたちの成長の変化に対応できるようにします。

（あそびと環境づくりについては、p.132 ～参照）

生活習慣が身につくプロセス

　子どもが生活習慣をどのように身につけるのか、具体的に考えてみましょう。基本的な生活習慣としては、食事、睡眠、排泄、着脱、衛生習慣などが考えられますが、ここでは食事を例にとって子どものなかに習慣をつくる過程をみていきましょう。

　赤ちゃんが普通のご飯を食べられるようにするまでには何をしたらよいのでしょうか。たとえば保育施設に来るようになる2か月頃は、子どもは自分ですわることはできません。この時、体の動きの自由を奪うラックやチャイルドシートなどに固定されてしまうと、半分寝た状態で食べさせられることになります。大切にすべきことは、食べ物を口に入れるということではなく、子どもが自分で食べ物を取り込むようになることです。そのためには、子どもが意欲的に食事に向かえる姿勢にします。おとなが一口量の食べ物をスプーンの先にのせ、子どもの下唇にあてるようにすれば、食べたい子どもはもう少し口を大きく開けて食べ物を取り込み、噛んで飲みこむことができます。スプーンは口の幅よりも大きすぎず、平べったい形のほうがよいでしょう。「噛む」という習慣も、子どもが自分で食べ物を取り込むことによって初めて可能になります。食べ物の硬さについては、たとえば歯ぐきでしか食べられない子どもにはスプーンの後ろで押すとつぶれる程度の硬さのものというように、子どもの発達にあった食事内容を用意します。そして、「おいしいね」「食べられたね」「こういうふうに食べるのよ」など言葉をかけます。食事には、ただ食料を食べるだけでなく、目に見えない心の栄養を取り込むコミュニケーションと落ち着いた雰囲気が必要です。

　いずれは身につけていく食事のマナーも、毎日どのように食べているか、おとながどのように援助しているかが影響します。子どもは初めからたくさんの食器を同時に扱うことはできません。最初はおとなだけが食器を扱い、そのうちに子どもが扱う食器を一つ渡します。安定した食器であれば一つで必要な機能を満たしてくれます。子どもがひとりでスプーンを使って食べるようになるときには、食材はスプーンで取りやすい形状をしているのが親切です。扱いにくい食器はこぼす原因になりますし、おとなも介助が難しいです。子どもが主体的に食べられる環境を整えることもおとなの役割です。

　衛生習慣という意味で、授乳をする前後に口と手を拭きます。ミルクを飲む頃は手はまだ汚れませんが、その後の手洗い習慣を考えて、この頃からはじめます。最初はただ拭かれている子どもも、食事の時には何をするのかわかるようになると、自分からナプキンに手を差し出してくれるようになります。

抱っこの仕方でも、なるべく子どもを進行方向に向かうように抱きます。食事に向かうときに、いずれは自分で歩いていきます。おむつ交換も、自分で知らせて自分で歩いていくということを見通せるようにします。

このように、決まったことをくりかえすことで習慣を身につけていくことにつながり、後にルールを受け入れることにつながります。ただし、決まりをくりかえすことにとらわれてしまうと、本来の一人ひとりを大切に育てるという目的から外れてしまいます。「その子どもの今にとって一番よいのは何か？」ということが常に中心であることを忘れてはいけません。

生活の援助は作業ではなく、子どもの主体性を育むための大事な関わりの場です。そのために、1対1で丁寧に関わる機会をつくります。それが「習慣」をつくるからこそ、保育者の側は「どうしてそのように行うのか」という意味を十分に理解しておくことが必要です。子どもの成長発達や日々の情緒の変化への感度を高めることが重要です。おとなの都合のためではなく、子どもの経験としてどのようなことなのか、何が身につくのかを明らかにしておくことが大事です。

子どもが主体的になるために

子どもに関わっていく上では、子どもの主体性を常に考え、子どもの自立に向かうことが目的であることを忘れてはなりません。先に述べた食事を例にとれば、口の中に放り込まれるのか、その子どもが自ら取り込んで食べるのかの「見かけ」は本当に微妙な違いです。子どもが自分で食べ物を取り込めるようにおとなが援助する。子どもが自分でスプーンや食器を使って食べられるように、おとなが使いやすいスプーンや食器を用意しモデルを見せる。あくまで子ども自身が食べることが大事で、おとなが "食べさせる" のではありません。発達段階をおさえた援助をすることで、最終的に子どもが自分自身でできるようになることが目標なのです。

おむつ交換に行くときも、まず「おしっこ行こうね」「（おしっこが）出ているから行こうね」と声をかけて、子どもが納得していることを確認して、そちらへ向かう姿勢で抱いて向かいます。月齢が低い子どもほど、これからする行動に気持ちが向いていなければ体がついてきません。おむつを取り替えるときも、「いっぱい出てたね、気持ち悪かったね」「じゃあ、きれいなおむつに取り替えるね」と具体的な言葉をかけながら、足を持つのではなくおしりを支えてあげます。そうすることで、子どもは自分の腹筋を使って足をあげることにつながります。汚れたおむつを外した後は、

「ちょっと待っててね。いま手を洗うからね」と言って手を洗い、きれいな手でおむつを替えます。将来トイレに行っておしっこをした後に手を洗うという習慣などは、このようなおとなの行為を子どもが見るところから始まっています。

　乳児期は、まだ全面的におとなに依存していますので、おとながすべてを管理します。しかし、主体性は生まれたときから始まっています。声をかけられて体をその方向に向ける、まず子どもの気持ちが向かうことが主体性の第一歩となるのです。運動発達がすすんで子どもが自分でやろうと手を出す時には、それが認められて自分でやってみる、そうやって子どもができることは一つずつ増えていきます。

　子どもの主体性を大事にする援助は、子どものすることすべてにいえることです。基本的な考えは、子どもの自己決定を大切にすることです。子どもの意思を確認してからおとなが手を出す、体をさわるにしても、どこに行くにしても、どんなあそびをするにしても、おとなが先ではなくて、子どもが先です。そのような言語・非言語コミュニケーションを心がけます。

　日々、くりかえされる行為によって、信頼関係は積み重ねられていきます。一人ひとりを大切にする行為によって、子どもは自然と自分からしたい、信頼する人に協力したいと思うようになります。このような毎日を過ごしていくことで信頼関係が育まれ、生活習慣を主体的に身につけていくのです。

発達を保障するために

　「子どもの全面発達を保障する」と言われますが、この「全面」（＝人格を丸ごと）とは何を指しているのでしょうか。私は、生活習慣の形成、知的な発達、感情の発達、言語的な発達、身体的機能・運動発達という5つの視点が大事だと思っています。

生活習慣の形成

　①健康的な生活を送るための衛生習慣、②集団生活、生活様式が身につくための習慣、③友だちとともに過ごすための仲間関係の習慣、と主に3つあります。これまで何度も述べてきたように、このような基本的な生活習慣を乳児期から身につけることが大切です。

知的な発達

　赤ちゃんがミルクを認識するまでの過程を例にしてみます。赤ちゃんがお腹がすい

て泣くと、ミルクを作って「お腹がすいたんだね」と持ってきてくれます。赤ちゃんはミルクを口に入れられると泣きやみます。これをくりかえすうちに、赤ちゃんはミルクを口に入れられなくても、そのミルクを見ただけで泣きやむようになります。哺乳瓶の形や白い液体の色を見るだけで、お腹を満たしてくれるものだということがわかるからです。「おいしいミルクができたよ」という語りかけによって、「ミルク」と呼ばれるものだということも少しずつわかっていきます。形や色でミルクを認識し、ミルクという言葉で認識し、味覚でもミルクを認識する、ミルクに注目しているその瞬間には、子どもの頭のなかには記憶されていたものが蘇ってきていますから、記憶力も使っています。さらには、実物のミルクを見なくても「ミルクよ」と言葉にされるだけで泣きやむのは、子どもの頭のなかでミルクが認識されているからです。

　日々の保育は、このように知的な発達を促していることを、おとなは普段から意識してほしいと思います。

感情の発達

　赤ちゃんの感情は、お腹がすいたら泣き、いっぱいになったら喜ぶ、おむつが濡れたら泣き、きれいになったら喜ぶという快・不快から始まります。そのうちに怒りがあったり、やきもちがあったりと感情が分化していきます。

　乳児保育では、喜びの感情をまずいっぱいにしてあげてほしいのです。赤ちゃんが「ウックーン」と喃語を言ったら、おとながニコニコ笑って返してくれる、それも喜びです。そこから感情を育てていくことが大事なのです。

言語的な発達

　いま自分が感じている気持ちがどのようなことかを、おとなに言葉にして代弁してもらいます。おとなに語りかけてもらうことから、自分の気持ちを言葉で表せるようにしていきます。おとなに語りかけられる言葉は、知的な発達と密接に関係します。

身体機能・運動発達

　立ったり、すわったり、歩いたり、しゃがんだりといった体全体を使った動きと、何かをにぎったり、つまんだり、ひねったりといった腕、手首、手のひら、指を使った細かい動きがあります。体全体のバランスがとれて、手先など末端の部分が器用になることで、日常生活における基本的な所作をこなしていけるようになります。おとなには、こうした活動が十分にできるような環境を準備する役割があります。

おとなが意識すること

　おとなが子どもに関わるときには、これらの発達がバランスよく育つようにいつも意識してほしいと思います。

　たとえば、子どもにわらべうたを歌ってあげているときにも、子どもの何が発達しているのでしょうか。子どもが歌にあわせて体を動かすことで運動発達につながっていることはもちろんのこと、楽しいという喜びの感情を体験します。わらべうたを介して人と関わっていくことで、知的な発達や言語的な発達が促されます。

　子どもが体験することや、おとなが提供することが、子どものどの発達につながっているのかを考えることがとても大事なのです。ときどき、おとなの行動を振り返ってみて、子どもに対して何が足りないのかを考えます。

　これらの発達を保障するためのおとなが意識すべきことを、あらためて確認しましょう。

情緒の安定
　子どもは安心できていないとあそびに向かうことはできません。特定のおとなが子どもに丁寧に関わることで、情緒的な絆が育まれ、その安心をベースに子どもは生活し、あそびます。生活とあそびのための子どもの内的条件を整えるのです。

生活習慣
　おとなの都合に子どもを合わせるのではなく、一人ひとりの子どもの家庭での生活リズムがスムーズに園での生活へ流れるようにします。子どもを待たせることのない日課を組むことで、おとなから丁寧に援助してもらえる生活の時間をつくり、生活習慣を身につけていきます。

あそびの環境
　月齢、年齢など、一人ひとりの子どもの発達にあった道具を整えます。整理された秩序感のある空間構成で、子どもそれぞれが自分のあそびに集中できる環境を整えます。子どもは、何（どのような道具）を、どこで、誰と、どのように、どのくらいの時間あそんでも自由であることを念頭において、子どもの発達課題に応えるあそびができる環境をつくります。

求められる専門性

　乳児保育には高い専門性が求められます。

　保育者にとっては、資質や経験はもちろん重要ですが、それ以上に保育の専門性が必要です。一人ひとりの子どもを丁寧に援助できていること、あそびの環境が子どもの発達段階にあっていること、一人ひとりの子どものおかれている状況を理解していること。保育者が乳児保育の専門性を高めていくことが大切です。

　そのためには、保育を運営する組織や施設が適切な保育環境を準備しなければならないですし、社会全体で乳児保育の質を高める努力をしていかなければならないと思います。

肌で安心・愛情を感じる

体と心の発達、生活リズム

外からの刺激に敏感に反応

生まれて間もない頃、子どもは母体内から外の世界へという環境変化に体を適応させようとしています。

少しすると、身体は丸くなっていて、うつぶせの状態にすると、頭をあげることができず、片側から反対側に向けようとする程度のみ動かすことができます。まだ首がすわっていないので、立てて抱くと頭がぐらぐらします。

常に手はにぎられており、手のひらに置かれたものをにぎる反射行為がみられる時期です。

視覚的には、はっきりした色に反応し、中程度の強い光のほうを向こうとします。鼻先25cmのものだけがはっ

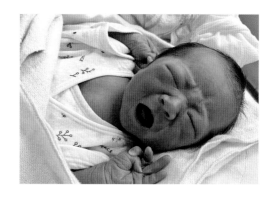

きりと見えるので、その距離のものを動かすと、ある程度追視できます。

　まわりの環境の音、特に人間の声に敏感に反応します。不意の大きな物音にはビクッと体をこわばらせたり、驚いて泣いたりします。

体の動きがより活発に

　6週目ぐらいからは、視力も視野も発達してきて、胸に抱くとおとなの顔を注目するようになります。

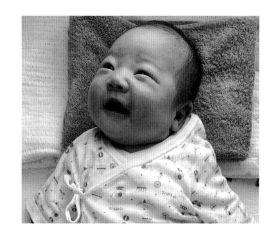

　一般的な身体の発達もすすみ、うつぶせにすると、少し頭をあげていられるようになり、クッションなどで支えるとすわる状態でいられるようにもなります。体の動きは活発になり、寝たままの状態で首の向きを変えたり、手足を頻繁に動かしたりします。

　この頃には、ほぼ確実に母親の声を聞きわけるようになり、心地よい声に微笑んだりします。口を開け閉めするようになるので、少しずつ「アー」「ウー」などの喃語が出始めます。

自分の意思で体を動かせる

　3か月頃には首もすわり、うつぶせの状態で首をあげられるようになります。手足を自分の意思で自由に動かせるようになります。足で力一杯蹴ることや、仰向けから横向きまで体をねじることができるようになります。おとなの動きに注目しはじめ、鼻先から25cmのものの動きを、すべての方向に追視できるようになります。

　この時期は自分の体や特に手足を動かしてあそびます。自分の手の動きを眺めた

り、手をからませてあそんだり、偶然口の中に入った手や指を吸っていることもよくあります。ガラガラなど手に置かれたものを短い間にぎりますが、まだそれを見ることはしません。音に対してもより敏感になって、音の聞こえたほうを向いたり、会話している声とその他の音を聞きわけたりするようになります。また、声を出して笑うこともあります。

子どもが自由に動けるように

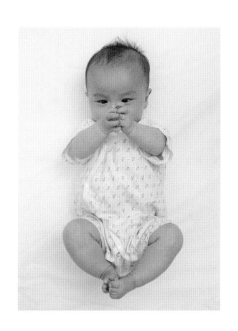

うつぶせの姿勢を保ったり、体をねじったり、両手をからませたりという運動発達には、手足など体を使ってあそぶという経験が不可欠です。

まだ自分の意思でしっかりと動くことができないこの時期だからこそ、普段から子どもの手足の動きを邪魔しない形の洋服を着せるようにします。子どもの自由な動きを妨げない状態でいられるように配慮して、沐浴、おむつ交換、授乳の際にも、子どもの手足が自由に動けるような抱き方や援助の仕方をするようにします。

目と目をあわせたコミュニケーション

この時期は、自分の欲求や生理的な快・不快を、泣いたり微笑したりといった表情の変化や体の動きで表現しようとします。眠い、お腹がすいた、おむつが濡れたなど泣く原因はさまざまですが、おとなが子どもの泣き声を聞きわけて、すばやく適切な対応をすることにより、

お互いの間に心の結びつきや信頼関係が生まれていきます。そのためにも普段から、必ず目と目をあわせて語りかけるコミュニケーションを重ねて、子どもの出すサインを敏感にキャッチできるようにします。

安心感や落ち着きをもたらす環境づくり

この頃の生活の大半は睡眠です。おとなのような深い眠りではなく、浅い眠りのくりかえしです。だいたい2～3時間おきに目を覚ましてミルクをほしがり、満腹になり1時間ぐらいするとまた寝てしまうという生活リズムです。

昼夜の区別もありません。ですから、家庭とは違う保育施設という新しい環境のなかで、いかに安心して眠れる場所を確保できるかが重要になります。入園前の面接の時に、家庭でどのような環境で過ごしているかを細かく聞いて、できるだけ家の状態に近い、子どもに安心感や落ち着きをもたらす環境づくりを心がけます。

授　乳

　乳汁期にあたるこの頃は約2時間〜3時間おきにお腹がすいてきます。授乳のタイミングは睡眠をベースにして、起きてからすぐ授乳するようにすると、無理なくお腹がすいた状態で飲ませることができます。

　おとなは、一人ひとりの子どもの授乳時間、分量などを熟知しておく必要があります。哺乳瓶や乳首は、サイズ、形、硬さなどメーカーによってさまざまな種類がありますが、家庭で使っているのと同じものを使うようにします。

　授乳の場所は、いつも決まった席で行うようにします。子どもが次に何をするのか見通しを持つためには、誰にどこに連れて行かれているのかなどが変わらないことが大切です。また、子どもが直接食材を手にすることはない時期ですが、口元を拭くということだけでなく、席について食べる前には手を拭く行為もくりかえすことで、後々の衛生習慣につながることになります。

　すべての行為にいえますが、授乳のときにただ飲ませるというだけでなく、必ず子どもと目と目をあわせ、「今日はとてもお腹がすいているのね。よく飲んでいるわね」「今日はあまり食欲がないのかな」など、やさしく語りかけるようにします。体の栄養だけでなく心の面でも満足できることが、子どもの食欲にもつながり、おとなと子どもの信頼関係を築く基礎にもなるのです。

乳汁期の食器セット

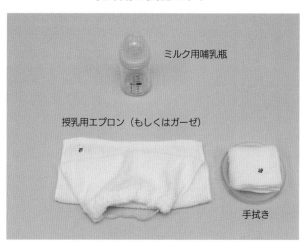

ミルク用哺乳瓶

授乳用エプロン（もしくはガーゼ）

手拭き

決まった席につく。

事前に、ミルクやナプキン、エプロンなどをテーブルに準備しておく。

安定した姿勢をとる。

おとなは、背中をイスの背もたれにつけて深くすわり、膝の曲がりが90度になるように調節する。

おとなの左手は子どもの腰に添えるようにして、子どもの両手が常に自由になるように抱く。

エプロンをつける。

ガーゼのハンカチでもよい。

口のまわりを拭く。

口のまわりを拭くことで、清潔を保ち、唾液の分泌を促す。

左右の手を拭く。
いつもにぎっている指をひろげて、
指の間も拭く。

食事前に手を洗う習慣につながる行為。
拭く手の順番も園のなかで統一しておく
とよい。この場合、子どもを支えている
側から拭いている。

授乳する。

哺乳瓶は子どもの下唇をつつき、乳首に吸
いつくのを待つ。母乳を飲ませる角度で抱
いてミルクを与える。

少し立ててあげた状態でゆっくりと飲ま
せる。哺乳瓶を横に寝かせた状態で飲ま
せると空気もいっしょに飲んでしまい、
必要な授乳量が確保できない。

おとなの左腕に子どもの体重が、
しっかりとかかるように抱く。

おとなは授乳の途中で体を動かしたり姿
勢を直さなくてもよいように、背もたれ
やクッションなどを利用して安定した状
態で飲ませる。

イスの高さがあわない時には、足の下に
台を置いて姿勢を安定させる。

授乳を見守る。
目をあわせて、語りかける。

子どもが飲む量、口の動きを確認する。目をあわせて「おいしいね」「たくさん飲もうね」などと語りかける。

口の動きを見せる。

飲む様子を見ながら、時折、子どもに口の動きのモデルを見せるなどする。

排気を促す。

まだ首がすわっていないので、気をつけてたて抱きにする。

背中を下から上になでる。

口を拭く。

「口を拭くね」「きれいにしようね」と伝えながら口を拭き、清潔を保つ。「たくさん飲んだね」「おいしかったね」など食事の満足を言葉にする。

哺乳瓶、調乳器具の洗浄と滅菌方法

哺乳及び調乳器具の洗浄と滅菌を行う前には、必ず手を石鹸と清浄な水で十分に洗う。

哺乳及び調乳器具(コップ、哺乳瓶、乳首及びスプーンなど)は、熱い石鹸水中で十分に洗う。哺乳瓶を使用した場合は、清潔な瓶用ブラシ、乳首用ブラシを使用し、瓶の内側と外側、乳首をこすり、残った粉ミルクを全て確実に除去する。

哺乳及び調乳器具を洗浄した後は、安全な水で十分にすすぐ。

滅菌:市販の滅菌器を使用する際は、メーカーの取扱い説明書に従って行う。哺乳及び調乳器具は、以下の方法で煮沸消毒することもできる。

滅菌器や容器から哺乳及び調乳器具を取り出す前には、必ず石鹸と清浄な水で手指を十分に洗浄する。滅菌済みの哺乳及び調乳器具を取扱う際には、滅菌したピンセットやトングを使用することが望ましい。

再汚染を防ぐため、哺乳及び調乳器具を使用の直前に取り出すことが最良。滅菌器から取り出された器具をすぐに使用しない場合は、カバーをかけて清潔な場所に保管する。哺乳瓶は、完全に組み立てておけば、滅菌した瓶の内側や乳首の内側と外側の汚染を防ぐことができる。

煮沸消毒する場合

大型の容器に水を満たし、洗浄した哺乳及び調乳器具を完全に水中に浸す(中に空気の泡がないことを確認する)。

容器にふたをし、沸騰させる(沸騰して湯が無くならないように注意する)。

哺乳及び調乳器具が必要となるまで容器にふたをしておく。

※世界保健機関／国連食糧農業機関 共同作成、厚生労働省 仮訳 「乳児用調製粉乳の安全な調乳、保存及び取扱いに関するガイドライン」 をもとに作成

粉ミルクの調乳方法

4〜6か月
7〜9か月
10〜12か月
13〜15か月
16〜24か月
25〜36か月

1 粉ミルクを調乳する場所を清掃・消毒する。

7 やけどをしないよう、清潔なふきんなどを使って哺乳瓶を持ち、中身が完全に混ざるよう、哺乳瓶をゆっくり振ったり回転させたりする。

2 石鹸と水で手指を洗い、清潔な布か使い捨てのナプキンを用いて水分を拭き取る。

8 混ざったら、直ちに流水を当てるか、冷水または氷水の入った容器に入れて、授乳できる温度まで冷やす。このとき、中身を汚染しないよう、冷却水は哺乳瓶のキャップより下に当てるようにする。

3 飲用水を沸騰させる。電気ポットを使う場合は、沸騰してスイッチが切れるまで待つ。鍋を使う場合は、ぐらぐらと沸騰していることを確認する。

9 哺乳瓶の外側についた水を、清潔なふきん、または使い捨てのナプキンで拭き取る。

4 粉ミルクの容器に書かれている説明文を読み、必要なお湯の量と粉の量を確かめる。加える粉ミルクの量は説明文より多くても少なくてもいけない。

10 腕の内側に少量のミルクを垂らして、授乳に適した温度になっているか確認する。生暖かく感じ、熱くなければ大丈夫。熱く感じた場合は、授乳前にもう少し冷ます。

5 やけどに注意しながら、洗浄・殺菌した哺乳瓶に正確な量の沸かした湯を注ぐ。湯は70℃以上に保ち、沸かしてから30分以上放置しない。

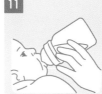
11 ミルクを与える。

6 正確な量の粉ミルクを哺乳瓶の中の湯に加える。

12 調乳後2時間以内に使用しなかったミルクは捨てる。

※世界保健機関／国連食糧農業機関 共同作成、厚生労働省 仮訳「乳児用調製粉乳の安全な調乳、保存及び取扱いに関するガイドライン」をもとに作成

冷凍母乳の取り扱い方

1 冷凍母乳は搾乳後すみやかに冷凍し、冷凍後1週間以内のものを原則として、受け入れることとする。

6 解凍するときは、母乳バッグのまま水につけ、数回水を取り替える。熱湯や電子レンジでは解凍しない。

2 冷凍母乳を受け取る際には名前、搾乳日時、冷凍状態を確認し、冷凍庫(-15℃以下)で保管する。

7 1度解凍したものは、使わなくても再冷凍はしない。また、飲み残しは捨てる。

3 専用の冷凍庫がない場合、他の食品に直接触れないように、専用の容器やビニール袋に入れて保管する。

8 解凍した母乳を40℃程度(体温に近い温度)の湯せんで加温する。

4 母乳は飲む子どもの母親のものであることを確認する。病気感染などの防止のため、間違いのないようにする。

9 成分が分離しやすいので、ゆっくり振り混ぜあわせてから与える。

5 授乳時間に合わせて解凍する。

10 解凍した母乳は、母乳バッグの下の切り込み部分を引き裂いて、哺乳瓶に注ぐ。

※厚生労働省「児童福祉施設における食事の提供ガイド―児童福祉施設における食事の提供及び栄養管理に関する研究会報告書―」をもとに作成

乳児期における衛生面の習慣化

　子どもの衛生状態は、月齢をこえて常に清潔に保たれる必要があります。0歳の頃からの積み重ねが幼児期以降の習慣となって残っていきます。

手を洗う

　食事の前、トイレの後、そして戸外あそびの後には手を洗うようになっていきます。そのためにも、0歳のおむつ交換前、授乳の前からおとながお手拭きで拭くことをくりかえします。これが、おとなが手伝いながら蛇口をひねって洗う習慣につながり、いずれは自分ですべてできるようになります。

顔を拭く

　0歳の頃から、寝起き・排泄の流れのなかで、必ず顔を拭くようにします。自分で拭くことができない時期はおとなが拭いてあげることになりますが、それをくりかえすことで、自分から顔を拭いていくようになります。寝起きの目覚めも促し、すっきりする体験を毎日することで、衛生感覚が習慣化されるようになっていきます。

鼻をかむ

　鼻をかめるほど発達がすすんでいない頃は、おとなが鼻水を拭きます。しかし、ある段階で自ら鼻をかんで清潔にしていく習慣を身につけることになります。鼻をかむことは2歳頃には習慣にしたい行為の一つです。発達の個人差があるので、できる子どもとできない子どももいますが、子どもがおとなの模倣をはじめる1歳をすぎたあたりから、鼻をかむ行為を伝えていくようにします。まず、おとなが片方ずつの鼻腔をおさえて鼻をかむモデルを示したり、子どもの鼻腔をおさえて鼻をかむように促したりしていきます。

髪をとかす

　午睡後の、排泄・おむつ交換から食事にいく流れのなかで髪をとかすようにします。この際、各自のクシを用意しておく必要があります。

27

着脱・排泄

この時期は 30 ～ 40 分おきに頻繁におしっこをします。便についても多い子ども は 1 日 2 ～ 3 回ほどします。肌が敏感なため、放っておくとすぐにかぶれてしまうので、 子どもの排泄の時間帯にあわせてこまめにおむつ交換を行うようにします。

子どもが登園したとき、保護者にその日の朝の何時におむつ交換をしたのかを聞き、 交換のタイミングを計るようにします。なるべく子どもが濡れたままの状態でいる時 間を減らすように気を配り、常に快の状態になるように心がけます。

援助の際は、首もすわっておらず、支えなしでは不安定な状態で、安全面をまず第 一に考えます。ベッドから連れ出すときの持ちあげ方、抱き方、そしておむつ交換台 へおろす時、服を脱がせるときの腕の抜き方など、子どもの体が無理な体勢になった り、急激な動きの変化を与えたりしないように細心の注意を払います。

この時期は、おむつ交換に子ども自身が参加することはありません。しかし、足腰 がしっかりしてくる頃には、おむつを替えるときに自らおしりをあげてくれるように なりますし、着脱行為も自らすすんで行うようになっていきます。この段階から、お となの行為を言葉にして伝えるなどコミュニケーションをとることで、後々に子ども 自身がおむつ交換に参加してくれるようになります。

急いだり、無理矢理行ったり、おむつ交換を機械的に行って子どもに不快感を与え るのではなく、この人におむつを交換してもらえば気持ちよくなると子どもに覚えて もらうようになれば、子どもの参加意欲も高まっていきます。

事前に準備しておく。

あらかじめ、おむつ、カバー、着替えな
どを用意する。

子どもをむかえにいく。

首の下とおしりに手をまわし、気をつけ
て抱きあげる。

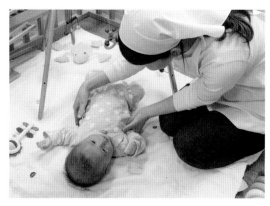

手足が自由になるように抱く。

子どもの気持ちがおむつ交換に向かうよ
うに、進行方向に体を向かせて抱く。ど
こに行くのか、次に何があるのかわかる
ことで、早い段階から流れの見通しを持
つことができる。

交換台に寝かせる。

不安定にして、子どもが怖がらないよう
に頭を支えておしりからおろす。

交換台は共同で使用するので、おしりの
下には、子ども別にタオルを敷く。

排泄用のエプロンなど準備する。

目をあわせて「エプロンするから待って
てね」などと、おとなの行為も言葉にし
て伝えながらやりとりする。

顔を拭く。
機嫌がいい時は手も拭く。

清潔にして、副交感神経から交感神経へ
の切り替えをスムーズにして、目覚めを
よくする。

「顔を洗う」という習慣にむすびつける。

着替える。

袖から腕を抜く時には、おとなの手を添
えて、内側から肘を抜く。手首を持って
ひっぱると脱臼などの危険性があること
を注意する。

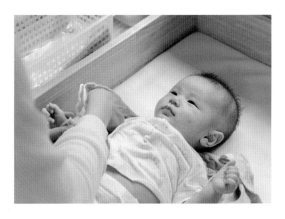

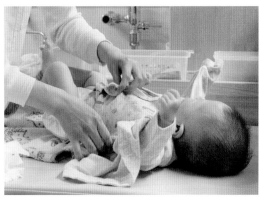

新しい服を着る。

左袖を通し、服を背中に入れて右側から
出して右腕を通す。子どもの動きを最小
限におさえるようにする。

おしりを持ちあげておむつを外す。
おしり拭きの面を返して拭く。

おしりを持ちあげて両足を自由に動かせるようにする。自らおしりをあげておむつ交換に参加する習慣につながる。

足を持って引っ張りあげないようにする。

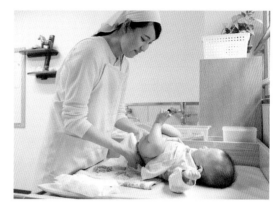

0〜3か月

4〜6か月

7〜9か月

10〜12か月

13〜15か月

16〜24か月

25〜36か月

おむつを交換する。

カバーからおむつがはみ出していないかを確認する。

新しいおむつを手にする前には、必ず石鹸で手を洗う。おむつ交換後も再度手を洗う。

体を起こす。

首がすわっていない段階では、頭を支えながら上体をゆっくりと起こす。

しっかりと抱きあげた後、
交換台を殺菌消毒する。

慣れない段階では、別の場所に子どもをうつしてから行う。

31

あやすおとな、聴く子ども

体と心の発達、生活リズム

奥行きや高さのある世界を体験

　４か月頃になると、首がすわり、うつぶせにすると手を床につけて頭と肩をもちあげようとします。また、うつぶせから仰向けへの寝返りも見られるようになります。

　腰や背骨はまだしっかり安定していない時期ですが、背中を支えてあげればしばらくすわった姿勢を保つことも可能です。

　自分から手をのばしてものにさわったり、「ものをさわる」「手を引っ込める」をくりかえしてものの距離をはかったりすることにより、まわりのものの立体感や遠近感などもある程度わかるようになります。授乳の時にも、哺乳瓶に手を添えるなどの行為が見られるようになります。

両手の動きが自由になる

　6か月頃には、仰向けの状態
で頭をあげようとしたり、仰向
けからうつぶせへ寝返りできる
ようになります。少しの間なら
背中の支えがなくてもすわるこ
とができ、脇の下を支えて立た
せると、両足で床を蹴るように
ピョンピョンと飛び跳ねます。

　この頃には、手の動きもかな
り自由になります。片手もしく

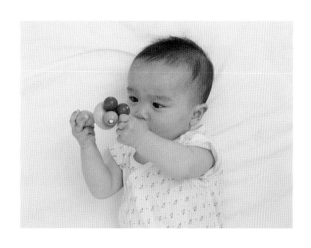

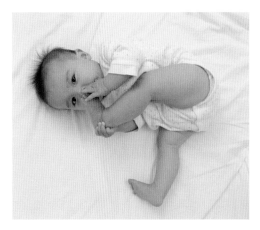 

は両手でつかんでものを持ったり、片方の手からもう片方の手にものを持ちかえたりすることもできます。自分の足であそんだり、足を口に持っていってあそんでいる様子もよく見られます。これは道具などを何でも口に入れるのと同じ感覚で、「なんだろう？」と口で確かめているのです。

うつぶせ・寝返りをしやすくする

　うつぶせになりやすくするための道具としては、古くなったバスタオルや毛布などをくるくると巻いて作ったロールクッションがあります。それを胸の下に敷いてあげることで上体があがりやすくなり、楽にうつぶせの姿勢をとることができます。また、寝返りをうちやすくするためには、足元にひっかかるようなもの（大きなクッションなど）を置いてあげるとよいでしょう。それをポンと蹴った勢いで、寝返りがしやすくなります。

子どもと積極的に「会話」する

　言葉の発達や理解がすすみ、喃語がますます盛んに出るようになります。最初に長くのばした母音を言うようになり、しだいに母音の前に子音をつけるようになります。世界中の赤ちゃんがこの頃は共通の声を出しています。唇や舌を震わせる「ブーブー」といった発音もできるようにもなり、言葉を発する準備がしだいにできてきます。

　喃語の数がますます増える一方で、母国語としては使われない発音を次第に忘れていくようになります。この頃には人の顔の見わけもつくようになっており、いつも身近にいてよく関わってくれる人に対して、特に声を発したり笑いかけたりします。子

どもが声を出した後でおとなが声を出すのを待ったり、そしてまた声を出して返事を
するなど、おとなと「会話」を続けるようになります。

子どもにも育児に協力してもらう

　生活のリズムについては、だんだんと昼間は起きていて夜はまとめて寝るという、
おとなに近い生活リズムができてきます。

　睡眠については、午前、午後、夕方の3回になります。食事面では液体から固形物
での栄養摂取に変わる時期にあたり、3〜4か月頃から野菜スープなどを食事に取り
入れていきます。栄養の主体はまだしばらくミルクですが、5か月頃にはドロドロの
お粥状の離乳食、6か月頃にはつぶして少し形が残っている程度の離乳食が食べられ
るようになります。食べ物は子どもの口の中に入れるという感覚ではなく、あくまで
子ども自身が食べ物を取り込んで咀嚼、嚥下するのを助けるようにします。

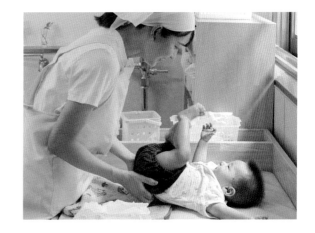

　この頃には、おとなからの援
助行為に対して子どもも反応を
示し、子どもなりに参加しよう
としてくれます。言葉がけに
よって協同を促し、子どもの反
応をゆっくりと待ってあげるこ
とが大切です。

　おむつ交換時に、自分から足
をあげようとしてくれた場合
や、最後に自分の腹筋の力を
使って起きあがってくれた場合
などには、子どもが協力してくれたことをほめたり感謝する言葉をかけます。

　その意味では、同じ援助をするにしても、子どもの月齢があがるにつれて、子ども
自らの行為が増えていくにつれて、関わり方や言葉のかけ方は、少しずつ変化させて
いきます。

食　事
....

　乳児の食事計画において、乳汁栄養から幼児食に移行する過程が離乳です。4 ～ 6 か月頃は離乳の準備段階と離乳期の初期にあたります。乳汁を吸うことから食べ物を噛みつぶして飲みこむことへと変わる摂食行動は、次第に自立へと向かっていくことになります。

　離乳の開始は、5 か月頃の首がしっかりとすわり、支えてやるとすわることができ、食べ物を見せると口を開けるなどの発達段階を目処に、初めてドロドロとした食べ物を与えることになります。

　おとなはそれぞれの子どもの発達の状況を把握した上で、それぞれの個人差も考慮にいれながら、子どもにとっての新しい食文化との出会いを楽しいものにしていきます。机の上で食べる食事のスタイルになるわけですから、後々の子どもの食事の習慣に大きな影響を与えるものになります。

　これまで以上に子どもの反応に心をくばり、子ども自身が食事に参加する際の基礎となるような習慣がつくような配慮が求められます。子どもが意欲的に食べることができるように、楽しい食事の時間をつくりあげたいものです。

いつも決まった席につく。

首がすわっている段階なので、子どもが前後の姿勢に無理のないように抱く。

おとなの左手は子どもの腰に添えて、子どもの両手は常に自由になるようにする。

おとなは長くすわっても安定していられる姿勢にする。

エプロンをつける。

頭からかぶせる前に「エプロンをつけようね」と子どもに伝える。

口のまわりを拭く。

「食事の前にきれいにしようね」など語りかけながら口を拭く。口のまわりを拭くことで、清潔を保ち、唾液の分泌を促す。

手を拭く（指をひろげて指の間も）。

いつもにぎっている手を清潔にするために指を開いて拭く。

食事前に手を洗う習慣に結びつく行為。拭く手の順番は園のなかで決めておくが、子どもが積極的に出してくる手を受け入れる。

0〜3か月

4〜6か月

7〜9か月

10〜12か月

13〜15か月

16〜24か月

25〜36か月

タオルをたたむ。

「きれいにしたタオルをたたもうね」など
と語りながら、タオルの面を変えてたた
む時も見せながら行う。

スープをスプーンですすり飲む。

自らスプーンを取り込んで、スープを飲
もうとする。

スプーンを取り込む。

子どもが口を開けて自ら取り込むのを
待って、無理に入れない。

子どもの舌が出たときに床に平行な角度
で運び、上あごになすったりしない。

たて抱きにして授乳。

両手を自由にしてあげることによって哺
乳瓶に手を添えるようになる。

コップを持つ時に、後々に手を開いて持
てることにつながる。

授乳の様子を見守る。

目をあわせてコミュニケーションをとる。子どもが飲むのがすすまない時は、語りかけたり、おとなが口を動かすモデルを見せたりする。

排気を促す。

首のすわり具合で注意しながら、背中を下から上になでる。

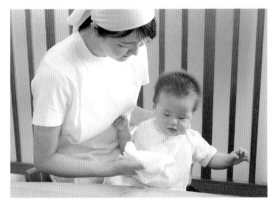

手を拭く。

「おいしかったね」「ごちそうさま」などと言葉をかけながら、手を拭く。

子どもがタオルに手を出すのを待つ。

食事を終えて、席を離れる。

「戻ろうね」と語りかけながら席を離れる。

両手を自由にして抱いて、イスを戻すところまでを見せる。

離乳のすすめ方の目安

		離乳初期 生後5~6か月頃	離乳中期 生後7~8か月頃	離乳後期 生後9~11か月頃	離乳完了期 生後12~18か月頃
		離乳の開始 ⟶			離乳の完了
		以下に示す事項は、あくまでも目安であり、子どもの食欲や成長・発達の状況に応じて調整する。			
食べ方の目安		●子どもの様子をみながら1日1回1さじずつ始める。 ●母乳や育児用ミルクは飲みたいだけ与える。	●1日2回食で食事のリズムをつけていく。 ●いろいろな味や舌ざわりを楽しめるように食品の種類を増やしていく。	●食事リズムを大切に、1日3回食にすすめていく。 ●共食を通じて食の楽しい体験を積み重ねる。	●1日3回の食事リズムを大切に、生活リズムを整える。 ●手づかみ食べにより、自分で食べる楽しみを増やす。
調理形態		なめらかにすりつぶした状態	舌でつぶせる固さ	歯ぐきでつぶせる固さ	歯ぐきで噛める固さ
1回当たりの目安量					
I	穀類(g)	つぶしがゆから始める。すりつぶした野菜等も試してみる。 慣れてきたら、つぶした豆腐・白身魚・卵黄等を試してみる。	全がゆ 50~80	全がゆ 90~ 軟飯 80	軟飯 90~ ご飯 80
II	野菜・果物(g)		20~30	30~40	40~50
III	魚(g)		10~15	15	15~20
	又は肉(g)		10~15	15	15~20
	又は豆腐(g)		30~40	45	50~55
	又は卵(個)		卵黄 1~ 全卵 1/3	全卵 1/2	全卵 1/2~ 2/3
	又は乳製品(g)		50~70	80	100
歯の萌出の目安			乳歯が生え始める。	1歳前後で前歯が8本生えそろう。 離乳完了期の後半頃に奥歯(第一乳臼歯)が生え始める。	
摂食機能の目安		口を閉じて取り込みや飲み込みが出来るようになる。	舌と上あごでつぶしていくことが出来るようになる。	歯ぐきでつぶすことが出来るようになる。	歯を使うようになる。

※衛生面に十分に配慮して食べやすく調理したものを与える

※厚生労働省「授乳・離乳の支援ガイド(2019年改定版)」(6)離乳の進め方の目安

離乳準備期の食事のすすめ方

　ドロドロとした食べ物を与える離乳初期を迎える1か月ほど前から、その準備として野菜スープなどをミルクの前に与えて、乳汁以外の味とスプーンに慣れることを目的にすすめていきます。それまで哺乳瓶だけだったところに、コップ、スプーンが加わります。

離乳準備期の食器セット

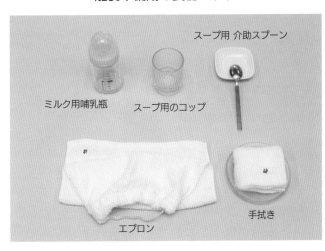

ミルク用哺乳瓶　　スープ用のコップ　　スープ用 介助スプーン

エプロン　　手拭き

時期の目安：3〜4か月頃

調理形態：液体（野菜スープなど）

食べ方の目安、援助のポイント：

　1対1で抱かれて飲む。

　たて抱きにする（横抱きにすると吐乳しやすくなる）。

　スプーンに慣れる。

・下唇にのせたまま口の中にはいれない、斜めに傾けない

・スプーンを横にして上唇にスプーンの縁が沿うようにする

・スプーンを子どもの下唇に沿うようにおき、舌の前後の動きにあわせて、
　舌が出たときにスプーンを傾け、少量入れて与える

0〜3か月

4〜6か月

7〜9か月

10〜12か月

13〜15か月

16〜24か月

25〜36か月

離乳初期の食事のすすめ方

　離乳食を開始するサイン（寝返り、玩具なめ、舌の押し出し反射の減少、生活リズムの安定、食べ物に興味を示す、スプーンで果汁やスープを口唇を閉じて飲むなど）が見られたら始めます。

　離乳期の過程を通じて、乳汁を吸うことから食べ物を噛みつぶして飲みこむことへと摂食機能が発達していきます。食品の量も種類も多くなり調理の形態も変化して、お皿、コップ、スプーンなどが食卓に並びます。

　液体をスプーンですすり飲みするのに慣れてくれば、コップで飲むようになります。本来、湯飲みなど磁器製を使う場面ですが、まず初めは薄手で軽い透明なコップを使うことで、子どもも口に含みやすくなります。透明なコップを使うと、量や傾き、口のあて方 (縁を噛んでいないか) など、おとなが確認することができます。

離乳初期の食器セット

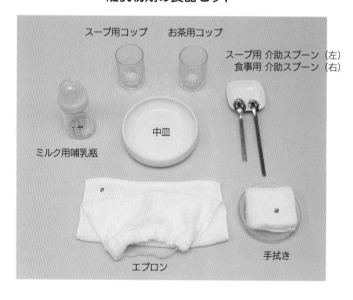

スープ用コップ　　お茶用コップ

スープ用 介助スプーン（左）
食事用 介助スプーン（右）

ミルク用哺乳瓶

中皿

エプロン

手拭き

時期の目安：5〜6か月頃

食べ方の目安：

子どもの様子をみながら1日1回1さじずつ始める。

母乳や育児用ミルクは飲みたいだけ与える。

子どもの姿：

口唇を閉じて舌を前後に動かし飲みこむ。

援助のポイント：

抱かれて食べる。

・飲みこみやすい角度のたて抱きにする

スプーンですすめる。

・口を開くまで無理に入れない

・食べものをスプーンの先の方にこんもりとのせる

・一口量に気をつける、子どもの舌が出た時に床に平行に運ぶ

・下唇の上にスプーンをのせ、パクパクしながら口に取り込む（入れる）のを待つ

・舌の中央へ食べものをのせたり、上あごになすったりしない

飲みこめる軟らかさにスープでのばしながら与える。

調理形態：なめらかにすりつぶした状態

1回当たりの目安量：

つぶしがゆから始める。

すりつぶした野菜なども試してみる。

慣れてきたら、つぶした豆腐・白身魚・卵黄等を試してみる。

摂食機能の目安：口を閉じて取り込みや飲みこみができるようになる。

0〜3か月

4〜6か月

7〜9か月

10〜12か月

13〜15か月

16〜24か月

25〜36か月

着脱・排泄
....

　基本的な交換の手順は0～3か月の頃と変化はありません。しかし、子どもの発達がすすんで、首がすわって足腰やお腹の力がついてくると、おむつカバーを外した時に自分から足をあげてくれるようになります。これまではおむつの交換後にはおとなが抱きあげていましたが、この頃には握力も同様に発達してきていますので、子どもが自分の力で起きあがるのをおとなが援助する形をとるようにします。まずおとなの親指を見せて「私の親指をにぎってね」と言って左右の親指をつかませ、子どもがにぎってきたらおとなは軽く子どもの手首を固定してあげます。その子どもの握力や腹筋の力をみながら、引き起こすタイミングを計り、起きあがってくるコツを子どもが体得できるようにします。

　月齢があがるにつれて、おとなの動きにも活発に反応するようになり、育児への参加なども見られます。足をあげてくれたときには、「上手に足があがったね。おむつが替えやすいわ」などと語りかけるようにします。これまでのおとなの全面介助の時とは異なり子どもの成長と行動にあわせて子どもの育児参加、協力を促すような言葉がけへと変化していく必要があります。これまでの言葉がけを機械的にくりかえすのではなく、子どもとの本当のコミュニケーションが求められるのです。

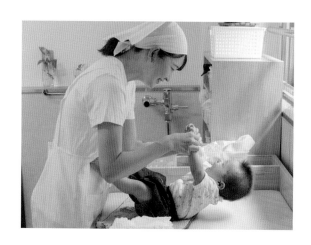

自由にあそぶ。

自由にあそぶことを見守る。

おむつ交換に誘う。

子どもの前から目線の高さで排泄に誘う。
子どもがあそびを中断することに納得で
きるように、丁寧にコミュニケーション
をとるようにする。

交換台に向かう。

これからおむつ交換に向かうことが見通
せるように、前向きに抱いて言葉をかけ
ながら向かう。

交換台につく。

背中を支えながら交換台に寝かせる。「お
しりをつけるよ」「横になるよ」と、動き
を丁寧に言葉にかえて伝えながら横にし
ていく。

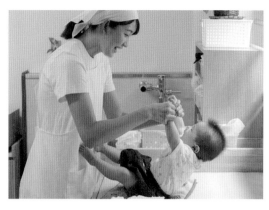

寝転ぶ。
親指をにぎらせて、子どもの手首をにぎってゆっくり後ろに倒す。

首やお腹の力の入り具合を見ながら、目をあわせて言葉をかけながら、ゆっくりと倒していく。

排泄用のエプロンをつける。

「排泄用のエプロンをつけるから、待っててね」と、子どもと目をあわせながら語りかけ、動作の一つひとつを言葉にして伝える。（子どもによっては、予めつけておく）

服やおむつを脱がせる。

目を見ながら「おむつをかえようか」「おしりをあげてね」「さいしょにズボンを脱ぐよ」と一つひとつの動作を言葉で伝えながらすすめる。基本的な手順は園で決めておくが、子どもの動きにあわせる。

手を洗う。

汚れたおむつをさわった後に手を洗う。手を洗う時に、「今から手を洗うよ」「待っててね」と子どもとコミュニケーションをとる。

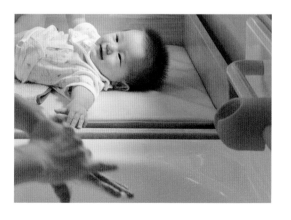

新しいおむつにかえる。

「きれいになったよ」「よかったね」「新しいのにかえようね」と、きれいになった喜びを言葉にして伝える。

タオルをたたむ。

下に敷いていたタオルをたたむ。

「タオルをたたむから見ててね」と、面を見せながらたたんでいく様子を言葉とともに見せる。

起きあがる。
親指をにぎらせて、子どもの手首をにぎってゆっくり引き起こす。

「起きあがろうね」と言葉をかけ、子どもが指をにぎり、腹筋に力を入れて自分で起きあがるイメージを持てるように、ゆっくりと引きあげる。

交換台を消毒する。

前に抱いて、交換台をいっしょに見ながら、消毒ナプキンで拭く。「交換台をきれいにするね」と言葉で伝える。

自分でひろげる外界

体と心の発達、生活リズム

這い這いの前の準備段階

　この頃には、寝返りは右へも左へも自在にできるようになり、うつぶせから仰向け、仰向けからうつぶせへと気が向くままに姿勢を変えようとします。また、うつぶせのままの状態が苦しくなったときなどには、お腹を中心にして両手・両足を床から離し、背中を反らせたグライダーポーズの姿勢をとることがよくあります。

　視角のなかに欲しいものが入ったときは、それを取ろうとして手をのばします。さ

らに、お腹を中心につま先で蹴り、反対の手で体をねじっておなかを中心に左右に回転するピボットターンをすることもあります。そうして、だんだんとずり這いの段階に入っていきます。

　まだ背中は丸まった状態ですが、途中で動かなければ何分間か支えなしですわれるようになります。

ピボットターンを促すために

　この頃の子どもの脚やつま先は、カエルのように開いた状態ですが、這い這いをするためには、脚を閉じて膝を前に向ける必要があります。そのためには、ピボットターンの際につま先で蹴るという行為をたくさんしていることが重要です。

0〜3か月

4〜6か月

7〜9か月

10〜12か月

13〜15か月

16〜24か月

25〜36か月

ピボットターンを促すためには、子どもが興味をもつものを、すぐ手の届くところではなく、手を精一杯のばさないと届かないところ、少し蹴って移動しないと届かないところにわざと置くようにします。

　また、子どもに目で追わせながら、子どもの膝近くに持っていってあげると、体をグーッとひねって取ろうとするので効果的です。特におとなしい子どもの場合、その場にじっとして動かず、直立歩行の際に必要な筋肉や柔軟性などが体験できないまま育ってしまうことあるので、おとなの積極的な働きかけが有効です。

　この時期の子どもは特に転がるもの、動くものにとても興味をもちますので、小さい鈴の入ったボールや水入りのペットボトルにビーズやおはじきを入れて動くようにしたものなどを使うとよいようです。

おとなの会話に興味をもつ

　言葉の発達の面では、食事などで舌を上下に動かすことが出てきますので、これまで舌を前後に動かすだけだったときと比べ、いろいろな音が出せるようになります。「アババ…」「アブブ…」と言葉をくりかえすことでつなげて話したり、自分に注目を集めるために叫んだりします。自分の名前を呼ばれると反応するようになり、また、おとなが言葉がけをしながら育児行為を積み重ねてきたことによって、だんだんとニュアンスを理解できるようになってきます。子どもに対して話しかけられたものでなくても、おとなの会話に興味を持っている様子が見られます。

おすわりからつかまり立ちへ

　安定したおすわりができるようになります。体のバランスがとれるようになるので、すわった姿勢で物を取ったり、寝た姿勢からすわったりすることもできます。

　うつぶせの姿勢からお腹をつけたまま前にすすむずり這いも始まります。

　この頃は、足よりも腕の力のほうが強く、動きも協同されているので、多

くの場合、後ろにすすんでしまいます。這い這いが上達して、下半身に筋肉がついてくると、目の前にある人や家具につかまりながら、立ちあがろうとする姿が見られます。足で体重を支えることはできますが、まだ平衡を保つことはできません。

障害物のある場所で這い這いする

　這い這いの練習をする場所としては、まずたくさん移動できるようなひろい空間を
つくる必要があります。また、普通の平面の床だけでなく、スロープを作ったり、ちょっ
とした障害物などを置いたりして、子どもが自ら移動したくなる環境をつくります。
それを越えて自分の行きたい方向に行こうとするため、体のいろいろなところを使い、
バランスがよくなるのです。

指先で小さなものがつまめる

　指先の細かい動きが発達し、小さなものでも親指と人差し指でつまむことができるようになります。

　また、指を目的にあわせて個別に動かすことができるようになるので、穴に指を突っ込んだり、指さしをしたり、バイバイしたり、手を打ちあわせたりもします。その他、壁にかけた引っ張る道具のひもを引っ張ってあそぶこともできるようになります。布を指でつまんだり、つかむ・はなすの練習をしたり、堅さや感触の違うものをたくさんさわったりすることが指先の運動になります。

言葉をためこんでいる時期

　言葉の発達の面では、いくつかの言葉を理解して、表情やしぐさで反応するようになります。また、人の表情と言葉の調子から、ある程度相手の感情を察することができるようにもなっています。この頃には「マーマーマー」などの一つひとつの発音が「ママ、マンマ」という単語につながり始めます。感情の面でも分化がすすみ、人間らしくなる時期です。人見知りや後追いも始まります。

　睡眠については、7か月頃はまだ午前、午後、夕方の3回寝ですが、9か月頃には早い子どもは午前、午後の2回寝になります。だいたい同じ時間に寝起きができるようになって、園での生活リズムも安定してきます。運動量がこれまでより一気に増えてくるので、食事量も増え、この頃から2回食に変わってきます。

0〜3か月
4〜6か月
7〜9か月
10〜12か月
13〜15か月
16〜24か月
25〜36か月

食　事

　離乳食の中期あたりにかかるこの時期では、食事が2回食に変わってきます。運動量も一気に増えてくる頃で、食事量も増えます。割合として食事量の半分ぐらいがミルク以外のものになります。9か月以降ぐらいには、目の前のものが自分の食べ物だということがわかってきて、欲しいものがあれば指さしたり、手をのばして自分で食べたりします。食べる気持ちが見えるときには、手で持って食べられるようにパンを小さくちぎって持たせてあげるなどして、食べたいという意欲を大切にします。

　おとなが軽く支えてやれば自分の上半身の力で腰に体重をのせられますので、テーブルに真っ直ぐ向かわせてあげる時期になります。一方で、おとなは食事の経過をしっかりと見えるような位置にします。

　前歯の食いちぎりを覚えはじめるので一口かじってまた次を食べてという食事のテンポもあがります。それまではおとながテンポを作っていましたが、この頃から自分で何をどのくらい食べるというリズムをつくりはじめます。

　食事前後のお手拭きの習慣も十分にわかっていますので、「手を拭くよ」と声をかけるだけで手拭きの上に手を出してくれるようになります。エプロンのつけ外しにも協力的に自分から動いてくれるようになります。おとなは、子どもが自ら手を出してくれるまで少し待つ、食べたいものを指さしそうだなと感じたら様子をみるなどして、子どもの意思、意欲が高まるように心がけます。子ども自身が参加しはじめ、食事を楽しみ、食べているのだという気持ちになってもらうような配慮が求められます。

テーブルに保育者とともに向かう。

これから食事に向かうことの見通しを持てるように、前向きに抱かれ、言葉を交わしながら向かう。

エプロンをつける。

流れの理解にあわせて「エプロンをつけるよ」という言葉に、首を前に傾けたりして参加しようとする姿が見られる。

口のまわりを拭く。

ゆっくりと丁寧に拭くことで、嫌がらずに口を委ねようとする姿が見られる。

手を拭く。

「手を拭くよ」と言葉がけして子どもがタオルの上に手を置くのを少し待つようにする。出された手に保育者が手を添えて拭く。

スープを飲む。

自らスープを飲もうとする。すすり飲みの練習では、スプーンに唇が沿うようにあてる。

子どもの発達段階によっては、コップに両手を添えるように、五指が開くように誘導しながら、すすり飲みの練習も促す。

スプーンの先に一口量をのせて与える。

舌の中央に食べ物をのせたり、上あごになすったりしない。

子どもの舌の動きをよく見て、口の中の食べ物がなくなってから与える。

目をあわせて言葉をかける。

「おいしいね」「もぐもぐ」などのコミュニケーションに、表情を交わしておいしさを共感する。

積極的に食べる。

口元にスプーンを持っていくと、自ら口を出して取り込もうとする。

口を拭く。

食事を終えて、口を拭く。

エプロンを外す。

エプロンを外して、目の前でひろげてた
たむ。「エプロンをたたもうね」と言葉と
ともに行為を見せる。

食事を終える。

席を離れる。いっしょにイスを戻すイメー
ジで言葉をかける。

あそびに戻る。

あそびに戻って、子どもの様子を見る。
子どもがあそびを見つけてあそび始める
のを確認して、その場を離れる。

離乳中期の食事のすすめ方

　固形物も取り込めるようになってきていますし、塩味などダシの味だけであったものから醤油や味噌などの味が加わり、いろいろな味を楽しめるようになります。

　固形物は調理段階で大きなものを少し形が残る程度に煮込み、スプーンの背で簡単につぶせるぐらいの軟らかさにします。子どもの舌と上あごで押しつぶしながらの食べ具合を、おとなが見ながら調節します。

　液体は、これまでのスプーンでのすすり飲みから、飲む量に応じてコップに口をつけて飲むようにします。なかには手を開いて自分で持って飲もうとする子どももいますが、最初は子どもの指と手が開いて持てるように補助をします。まだ確実に飲めるようになっていないこの時期には、どのくらい傾ければ飲めるのかが外から見てわかるように透明なコップを使うのがよいでしょう。

離乳中期の食器セット

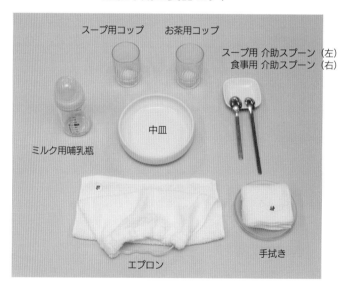

スープ用コップ　　お茶用コップ

スープ用 介助スプーン（左）
食事用 介助スプーン（右）

中皿

ミルク用哺乳瓶

エプロン

手拭き

時期の目安：7 ～ 8 か月頃

食べ方の目安：

1 日 2 回食で食事のリズムをつけていく。

いろいろな味や舌ざわりを楽しめるように食品の種類を増やしていく。

子どもの姿：

口唇で食べものを取り込み、舌、あごの上下運動でモグモグ押しつぶして飲みこむ。

援助のポイント：

下唇の上にスプーンをのせ上唇で取り込ませる。

押しつぶして飲みこむリズムをつくる。

一口量、つぶし方、大きさ、とろみの濃度など子どもの舌の動きをみながら与える。

指を口に入れる時は、硬さ、大きさに問題あり。

コップ、茶碗に両手を添えるよう誘導しながら、すすり飲みの練習を促す。

調理形態：舌でつぶせる固さ

1 回当たりの目安量：

穀類：全がゆ 50g ～ 80g

野菜・果物：20g ～ 30g

魚：10g ～ 15g　　又は肉：10g ～ 15g　　　又は豆腐：30g ～ 40g、

又は卵：卵黄 1 個～全卵 1/3 個　　又は乳製品：50g ～ 70g

歯の萌出の目安：乳歯が生え始める。

摂食機能の目安：舌と上あごでつぶしていくことができるようになる。

着脱・排泄
....

　まだ自分自身でおしっこが出ているといった自覚はありませんが、「おむつ交換に行くよ」と伝えると手を出してくるようになります。交換台までの距離感がわかり、流れの見通しも持ててきています。体重が重い子どもを抱っこする際には、子どもの顔は歩く先に向くようにしながら、安全な形で抱くようにします。

　おむつ交換での行為に子どもから参加する姿が見えはじめる時期です。ほとんどの子どもは、おとなの親指をにぎってそれを支えにしながら、自らの力で起きあがれるようになります。つかまり立ちができていれば、立った状態でおしりをシャワーすることもできます。おとなは、子どもが自らしようとする余地をなるべく与えながら、一連の行為をすすめます。言葉をかけた後は、必ず少し待ってあげるようにします。

　子どもの動きがより活発になるこの時期は、おむつ交換中に足を動かしたり寝返りしようとするものです。おとなは子どもと目をあわせて、上手にあやして気持ちを通じあわせます。名前を呼びながら「きれいにしようか」「じょうずだね」と語りかけます。また、おむつ交換が終わってから、子どもが気持ちのままに足の交差や寝返りをできるようにしながらやりとりすることで、納得してくれます。

　おむつ交換後のおとなのホッとした表情を見て、「きもちよくなったね」というメッセージを受けとって、子ども自身も肯定的に認識してくれるようになります。こうした積み重ねが、おむつ交換や着替えが気持ちのよいことだという理解につながっていくのです。

おむつ交換に誘う。

声をかけて、子どもがその誘いに応える
のを待つ。

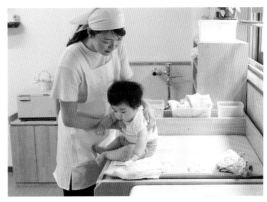

交換台にすわる。

交換台にすわり、背中を支えながら子ど
もを寝かせる。

おとなの手をつかみ、
ゆっくり後ろに倒れる。

子どもが自ら首とお腹に力を入れながら
倒れるのを支える。

排泄用のエプロンをつけて、
着替えとおむつ交換を伝える。

「エプロンをつけるから待っててね」「あ
りがとう」「今から着替えようね」と、お
となの行為を説明しながらコミュニケー
ションをとる。

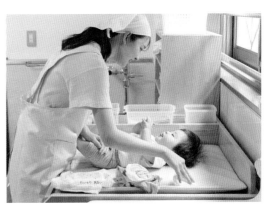

0〜3か月

4〜6か月

7〜9か月

10〜12か月

13〜15か月

16〜24か月

25〜36か月

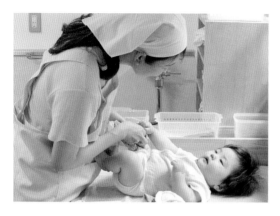

ズボンを脱ぐ。

言葉をかけながら、膝から抜いていく

おむつカバーを取る。

「ボタンを外すね」と一つひとつの動作を
丁寧に説明しながらすすめる。

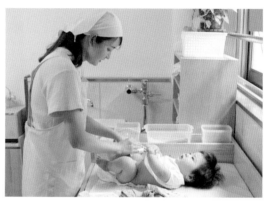

おむつを交換する。

おしりを持ちあげておむつを交換する。
女の子は前から後ろへ拭く。
常に清潔な面で拭く。

シャツを脱ぐ。

内側から肘を持って手を抜く。
袖をひっぱって無理に抜かない。

頭をくぐらせる。

両手を抜いて、シャツから頭を出す。
目をあわせて語りかけながら行う。

0
〜
3
か月

4
〜
6
か月

7
〜
9
か月

10
〜
12
か月

13
〜
15
か月

16
〜
24
か月

25
〜
36
か月

手を洗う。

手を洗いながらも、子どもの様子を見て
言葉をかける。流れの見通しが持てる頃
には、手を洗う行為にも注目できるよう
になる。

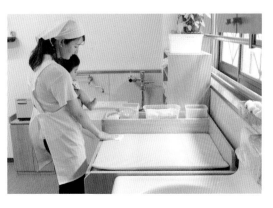

きれいになったことを確認する。

排泄用エプロンを外しながら、「終わった
よ」「きれいになったね」と語りかけて、
清潔になったことに共感する。

交換台を消毒する。

交換台を消毒ナプキンで拭く。言葉をか
けながら、身体だけでなく交換台も清潔
にすることを伝える。

信頼するおとなとの共同

体と心の発達、生活リズム

歩き始める子どもが出てくる

　つかまり立ちは、最初のうちはまだ本人は必死の状態で、疲れてくるとしりもちをついて倒れたりします。また、つかまったところに口をぶつけることもあります。立ちたいという意欲はあるけれども体がついていかない場合があるので、子どもが立ちあがろうとしている時には、おとなは危険がないように見守ります。

　つかまり立ちが安定してくると、家具につかまって立った姿勢からすわったり、家具につかまりながら、つたい歩きをするようになります。

　また、イスや箱など大きなものにつかまって前に押しながら歩くことができます。後にカタカタなどの手押し車で歩くあそびになります。

指先の発達が完成に近づく

指先も一段と器用になり、意識的にものをさわり、はなすことを学びます。また、ものを投げたり、置いたりする行為も見られます。

入れ物のふたを開け閉めしたり、中からものを出し入れしたりするようになるので、ティッシュの箱から中身を全部引き出すなど、器用になった手でびっくりするようなことをやってのける時期です。

0〜3か月

4〜6か月

7〜9か月

10〜12か月

13〜15か月

16〜24か月

25〜36か月

意味のある言葉が出始める

意味のある最初の言葉が出始める時期です。これらは人や物の名前もしくは勝手に作った名前などが多いようです。また、「アーアー」などと声を出すことによって、あるものや出来事にまわりの関心を引こうとしたり、何かを要求しようとしたり、援助が必要なことを伝えようとします。

この頃には短期的な記憶力も発達し、目の前から消えたものでもしばらくは覚えていられるようになります。そのため「いないいないばあ」のあそびで視界から消えてしまったおとなの顔が再び出てくるのを期待したり、目の前で隠したものを探し出そうとしたりする行為などが見られます。

起きている時間が長くなる

　睡眠については、これまでの2回寝の時間帯が少しずれて変則2回寝となります。これまでは朝来てすぐに9時くらいから寝ていた子どもが、起きている時間が長くなって10時半〜11時くらいに寝だすようになるのです。夕方もこれまでより遅い時間に眠くなります。けれども、ここで寝たいだけ寝かせてしまうと、家庭で夜に眠りづらくなってしまうので、夕方の休息は少し短めに調整するなど配慮も求められます。この変則2回寝による午前睡は、長い子どもで2歳くらいまで必要だと言われています。

　この頃になると、自分の寝る場所もちゃんとわかるようになります。隣の子どものスペースに入って起こしたり、風邪などの病気をうつしたりしないように、1人用の午睡用ベッドを使います。

子どもの意思と段取りを大切に

　子どもが意思を表し始めるのにあわせて、おとなの援助も変えていきます。子どもを待ってあげることができるかどうかがカギになります。子どもの反応や意思を確認せずに、おとなが行為を勝手にすすめてしまうと子どもは言うことをきいてくれなくなります。

　たとえば、食事中に子どもが手でつかんで食べようとしたとき、おとながそれをさえぎってスプーンで食べさせようとすると、怒ったり泣いたりして食べなくなることがあります。何でも自分でやりたがるこの時期は、その子どもが主張していることを

できるだけ叶えたうえで、こちらの意図することを示して、子どもが納得したうえですすめていくことが大切です。

あれもだめこれもだめと禁止ばかりしていると、だんだんとおとなに対して不信感をもつようになり、そのようなことが積み重なると収拾がつかなくなります。

また、この時期は、一連の生活行為のなかに秩序感がより求められるようになります。おとなの手順が毎回違っていたり、間違ってやり直したりすると、子どもは見通しがきかず、不快な思いをすることになります。

子どもが"いつもいっしょ"と思えるように、どの場所で、誰とどのように、どのような手順でやるのかが"変わらない"ということが大切です。

食　事

　この時期には、子どもの食事に対する意欲も高まってきて、食べたいものが目の前にあると頻繁に自分の手を出そうとします。手で食べることに満足感をおぼえるようになり、さえぎったりすると怒って食べなくなったりします。

　子どもが食べたいものをどう食べられるようにしていくかが大切で、これまでおとなが使っていたスプーンをあくまで介助用のスプーンと位置づけ、子どもが手で食べることのできないものを食べるための補助としての役割にとどめるようにします。

　まだおとなに抱かれて食べることがほとんどですが、12 か月頃には、イスにすわって食べることのできる子どもも出てきます。イスにすわって食べるかどうかの判断の目安としては、単純に身体が成長したからということではなく、15 分くらい一つの場所にすわり続けることができ、そして食べることに気持ちが向いているかどうかも目安にします。たとえ歩行が確立していなくても、その子どもの食事に対する意欲が高く、集中力があるようであればすわって食べます。

　これまでの食事の手順と差はありませんが、この時期は子どもの気持ちが食事に向かえるようになることがポイントで、子どもの気持ちを尊重することもおとなの対応の大切な部分になってきます。

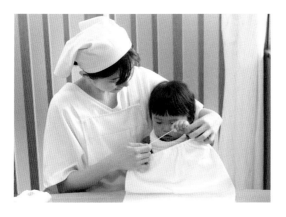

エプロンをつける。

自分でエプロンをつけようとする。頭の後ろなどがひっかかるので、おとなは子どもの動きにあわせて援助する。

手を拭く。

「手をふこうね」の言葉がけに、子どもがタオルの上に手を置いてくれる。子どもが拭こうとする動きを尊重して待つ。

コップを両手に持って飲む。

五指を開いて安定してコップを持つ。

透明なコップで角度や飲んでいる量を確認する。

子ども用の小皿に一口分を取りわける。

子どもが手づかみできるように、介助スプーンで、食べ物を一口分に取りわけて小皿にうつす。

0～3か月

4～6か月

7～9か月

10～12か月

13～15か月

16～24か月

25～36か月

手づかみ食。

小皿から、手づかみで食べる。おとなは見守りながら、子どもの食べようとする気持ちを大切にする。

食べたいものを指さしする。

食べたいという意思を、大皿にある食材を指さしすることで示す。子どもによって表現の仕方が違い、おとなの持つ介助スプーンに手を添えて示すこともある。

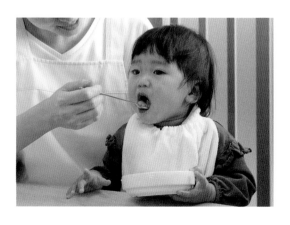

いっしょに食事を楽しむ。

「おいしいね」「よく噛んでるね」など言葉をかける。子どもが食事を肯定的に捉えられるコミュニケーションをする。

おとなが噛む真似をしてモデルをみせる。

食事の介助。

一口量の食材をのせた介助スプーンを、子どもの下唇にあてて取り込むのを待つ。

手づかみだけでなく、介助することで食事のペースを調整する。

手づかみ食。

細かい物も指先でつまみとる。

コップですすり飲みする。

子どもが安定して飲めるように、肘や腕を支える。

手を拭く。

手の前に出されたタオルで、積極的に自分で拭こうとする。

エプロンを外す。

食事が終わると、自らエプロンを外そうとする。おとなは子どもの動きにあわせながら援助する。

0〜3か月

4〜6か月

7〜9か月

10〜12か月

13〜15か月

16〜24か月

25〜36か月

離乳後期の食事のすすめ方

　奥歯が生えるか生えないかという時期で、奥歯がなければ歯ぐきだけでつぶせるものを食事にします。肉じゃがなど、形はありますが、軟らかく歯ぐきでも咀嚼ができるようなものを食べます。

　これまでの舌の動きは前後、上下だけであったのが、左右にも動きはじめるようになります。左右に動くことによって、食べ物を奥で噛むときに、頬の内側と舌で支えて食べるようになりますが、こんにゃく、竹輪、蒲鉾など噛みつぶして飲みこめないものはメニューにはいれないようにします。野菜、青物などは噛み砕くことができないため、喉にひっかかり、そのために青物嫌いになってしまう場合もあるので注意します。一方で、神経質になりすぎて十分な食材の種類を食べられないということがないように気をつけます。取り込みが難しい場合は、切り方や献立などを工夫しながら食べられる食材を増やしていきます。

離乳後期の食器セット

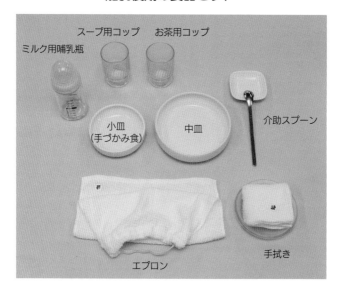

時期の目安：9 ～ 11 か月頃

食べ方の目安：

　食事リズムを大切に、1 日 3 回食にすすめていく。

　食の楽しい体験を積み重ねる。

子どもの姿：

　口唇を閉じて舌で食べものを左右に移動し、奥の歯ぐきでつぶして上下唇を閉じて、口角をねじりながら食べる。

　おとなの持ったパンや果物を前歯で噛み切って食べる。

　形のあるものを手のひらでにぎり一口ずつ食べる。押し込まないようにする。

援助のポイント：

　手づかみ食用の小皿を用意する。スプーンをもつ前に形のあるものをつまんだり手で持って食べたりする。一口ずつ噛み切りながら子ども自身が一口量を知る。

・やわらかく煮たものを 1 ～ 1.5 ｃm角位に切りわけながら与える

・子どもによっては角をつぶす

・小皿に子どもの手のひらでにぎれる大きさのゆで野菜、パンなどをのせ、噛み切って食べるように助ける（介助スプーンに手を添えたり指さし要求がみられる）

・哺乳瓶からコップへ。指をのばし、手のひらで持って飲むように促す

調理形態：歯ぐきでつぶせる固さ

1 回当たりの目安量：

　穀類：全がゆ 90g ～軟飯 80g

　野菜・果物：30g ～ 40g

　魚：15g　　又は肉：15g　　又は豆腐：45g、

　　　　　　又は卵：全卵 1/2 個　　又は乳製品：80g

歯の萌出の目安：1 歳前後で前歯が 8 本生えそろう。

摂食機能の目安：歯ぐきでつぶすことができるようになる。

0～3か月
4～6か月
7～9か月
10～12か月
13～15か月
16～24か月
25～36か月

着脱・排泄
························

　毎日、同じおとなに援助される安心感があることで、おむつ交換への不安もなくなってきます。おむつ交換に誘われて、交換台まで行き、決まった手順でおむつを交換するという流れも見通しを持てるようになります。

　これまでは、横になっておとなのすることに身をまかせていましたが、おとなの行為に協力しようとします。行為の一つひとつをおとなが言葉にして語りかけてきたことが、子どもの反応に現れ始める頃です。名前を呼ばれておむつ交換に誘われると自分のことだとわかり手をだします。服を脱がせてもらう時も、おとながエプロンをつけかえる時も、それらの行為に注目しながら待つことができるようになります。おとなが手洗いするのを見れば、自分もそれをしている気持ちになり、時にはそれを真似て同じ仕草を見せてくれます。生活行為に意識的に関わろうとし始める頃です。

　身体の成長に伴い、自分で大きく身体を動かしたり、方向を変えることができます。視野もひろがって好奇心が高まる時期でもあるので、おむつ交換の最中にも寝返りやつかまり立ちをしようとしたり、消毒液のついたタオルに手をのばそうとしたりと、おとなにとっては目を離せない頃でもあります。

　おとなは、子どもと目をあわせてやりとりすることで、子ども自身が納得して行為に参加することを大切にします。おむつ交換が終わっても、いっしょに交換台を拭いているという意識を持てるように心がけます。そのことが、子どもの参加意識を高めることにつながっていくのです。

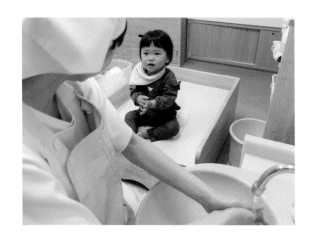

おむつ交換に誘う。

子どもの名前を呼んで目をあわせて誘う。

あそびを中断しておむつ交換に行くことを提案する。

抱っこする。
交換台に向かう。

子どもの反応を待ち、納得したら手を出して、抱きあげる。

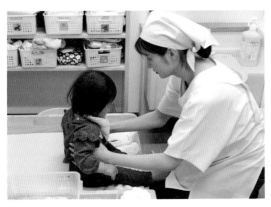

交換台にすわる。

おとなが支えながらすわる。

歩行が確立したらすわって着替えられる高さの交換台にする。子どもが歩いて交換台に向かう。

おむつ交換を始める。

目を見て、これからおむつ交換することを伝える。子どもも参加する意識を持てるように心がける。

排泄用のエプロンをつける。

エプロンをつける間、子どもに待ってもらうように伝える。行為の一つひとつを言葉に置き換えて語りかける。

交換台に寝転ぶ。

親指をにぎりしめて（おとなは子どもの手をつかんで）、ゆっくりと後ろに寝転ぶ。

子どもの姿勢や力の入り具合いを見ながら、子どもが自ら倒れようとするのを支える。

おむつを替えるために、服を脱がせる。

丁寧に服を脱がせていく。

おしりを拭いておむつを交換する。

おしりを持ちあげて拭く。
カット綿は常に清潔な面で拭く。
女の子は前から後ろへ拭く。

服を整える。

子どもが足をついて、自らおしりをあげる姿も見られるようになる。流れ作業にならないように丁寧に待つ。

参加してくれることを喜び、受け入れる。

手を洗う。

おむつを交換したら、手を洗う。手を洗うところを見せて、言葉で伝える。

後に、子どもが自分で手を洗うことを見通せるように、手洗いの手順を言葉にして伝える。

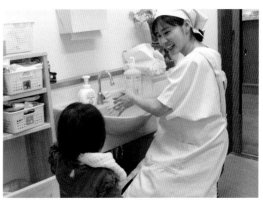

手洗いの真似をする。

おとなの手洗いを見て、一緒に真似をする。手をどのように洗うか、具体的な言葉にして伝える。

交換台を消毒する。

交換台を消毒する行為を、子どもといっしょにすすめる。

わたしを見ていて
アタッチメントの形成

体と心の発達、生活リズム

歩けることで世界がひろがる

　歩き始めの時期は個人差が大きく、8か月から15か月くらいの幅がありますが、遅い子どもでも15か月にはだいたい一人歩きができるようになります。まだ歩き始めたばかりの子どもは、手が肩より上にあるハイガードポジションで、ロボットのように膝が曲がらず、左右の足に体重を乗せ

ながら前進します。

　つかまった家具から家具の間で歩く練習をして、次第に完全な自立歩行が始まります。歩行がある程度確かになってくると、立っている姿勢からしゃがんだり、しゃがんでいる姿勢から立ったり、自分のまわりをぐるぐるまわったり、何かをまたいだりする運動ができるようになります。階段を歩いてのぼるのはまだ難しく、這い這いのほうが得意です。ひとりであっという間にのぼります。

探索行動のための仕掛け

　この時期はたくさん動きまわれるような空間づくりをするとともに、探索をしながらうろうろすることが多いので、ところどころに何かいじってあそべるようなものを置きます。たとえば、壁に鍵のような仕掛けをつくって開け閉めできるようにするとか、こちら側を引っ張ったら反対側があがってくるつるべ落とし形式のものとか、ホースがあってそこに細かいものを落としたらスーッと落ちていくものなど、何か働きかけをするとそれがどうなるかが試せるようなものがよいでしょう。

　また、この頃は自分の足だけで長く歩くのは難しいので、箱押しのような道具を用意します。つま先を積極的に使うという意味でも有効です。ぶつからないように力加減をして隙間をぬって歩いたり、よじのぼりや這いのぼりをくりかえしたりします。トンネルや大きなダンボールの箱があると、スポッと中に入り込んで自分だけの空間を楽しんだり、そこに入ったり出たりしてあそびます。

安全対策を十分にする

　怪我が増える時期なので、安全を十分に確保する必要があります。子どもには上にあがりたいという欲求があるのであがってもよい場所を用意しますが、落ちたら危な

いような高さのものは置かないようにします。おとな2人であそびを見るときは、部屋をだいたい斜めに区切って空間をわけて見たり、それぞれのおとなのまわりに集まってきた子どもを見たり、あるいはあそびの種類で大きいあそびと小さいあそびにわけたりという形で見守ります。

感情が複雑に豊かになっていく

言葉の発達の面では1か月に1～3つの単語が継続的に増えるようになります。単語以外のものでもいくつか理解できるようになり、おとなからの簡単な要求も理解するようになります。これまではめくってあそぶだけだった絵本ですが、この頃には絵やお話にも興味がわくようになり、絵本のなかのものを指さしたりします。

感情の動きは少しずつ複雑さを増して豊かになります。怒る、喜ぶ、反抗する、嫉妬する、すねるなどの人間らしい感情が発達して、それをストレートにおとなにもぶつけてきます。これはいろいろな感情表現によっておとなの関心をひこうとしているのであり、好きな人を独占したいという気持ちの表れでもあります。

噛みつきや取り合い、ひっかきなどが多い時期です。まだ注目の分配ができないので、道具を持った子どもがいたとき、道具か子どもかどちらかにしか注目できないのです。それでその道具を使おうとしてしまい、もともともっていた子どもと取り合いになって、噛みつきなどが起こってしまいます。このようなときは、まずは空間を構成して助けます。つまり、「今は○○ちゃんがあそんでいるよ。あなたのはここにあるから、こちらであそぼうね」といって、子どもにパーソナルスペースを与えます。一人の子どもが噛みつくと、噛みつかれた子どもがまた別の誰かに噛みついたりするので、その都度、離れた空間をつくる必要があります。この時期は、同じ色の同じ道具をたくさんそろえておく必要があります。

主導権が子どもに

睡眠については変則2回寝（午前睡と夕方の休息）もしくは午睡だけの1回寝です。食事の内容については、離乳完了期からおとなとほぼ同じ材料や調味料を使う離乳完了食になりつつあります。また、ミルクについても、この間に断乳を終えて食材から100%栄養を取る形に変わります。

この頃の食事の取り方としては、最初にお茶かスープを飲んでまず唾液を出やすく

し、その後スプーンが使える子どもはスプーンを使い、使えない子どもは自分で手に持って食べます。食べにくいものや苦手なものをおとながスプーンで介助します。コップも自分で持ってこぼさずに飲めるようになります。

　食事の主導権がおとなから子どもにうつりつつある時期だといえるでしょう。食事への参加と同時に、この頃から着脱への参加も見られるようになります。ズボンや靴下、ミトン手袋などをひとりで脱ごうとするほか、ズボンを履きやすいように用意してあげると足を入れて引きあげようとします。

自分でやろうとするチャンスを逃さない

　何事にも自分で参加しようという意欲が強くなります。自分ではまだ完全にできないけれど、何でも自分でやろうとする。また、次にやることもわかっているので先に自分でやろうとする、そのような時期です。おとなは、先まわりしてしまわないように注意します。子どもにまかせて「上手にできたね。じゃあ、私がもう少しうしろのほうをしてあげるね」というように、おとなは子どもの動きをみて、それにあわせるとスムーズにすすみます。

　この時期に子どもが自分でやるという機会を奪ってしまうと、幼児の段階になっておとながしてあげないと自分では何もできない子どもになってしまいます。どこかに自分で参加しようとする兆しが見えたときは、その機会を逃さないようにすることが大事です。そして、そうした子どもがちょっとだけ努力をすればそれをクリアできるという、少し先の課題を設定してあげることで、どんどんと意欲が出てきます。

0〜3か月
4〜6か月
7〜9か月
10〜12か月
13〜15か月
16〜24か月
25〜36か月

食　事

　離乳完了期にあたるこの時期では、授乳もなくなり、家庭での朝食、園での午前食と午後食、そして帰ってからの夕食と1日4回食になります。離乳完了期は、保育施設での子どもの受け入れのタイミングによって個人差があります。18か月頃まで幅をもたせます。

　意欲、食べ方にもかなり個人差が出始めるこの時期は、手づかみで食べる子どもからスプーンを使える子どもまでさまざまです。しかし、ほとんどがイスにすわって自分で食事をすすめることができるようになります。主導権がおとなから子どもにうつっていく時期で、おとなは補助の役割に徹するようになります。

　基本はおとな一人に対して子ども一人で食べますが、スムーズにすすむようであれば、1対2にすることもあります。子どもが一人でできるようになることが増える分、他のおとなたちと連携をとりながら、あそびから食事、食事から睡眠という流れがスムーズにできるようにします。

　家庭環境の違いや保育施設の受け入れのタイミングによる個人差から、なかにはこの時期になっても食事に向かうことができない子どももいます。その場合はまず、食べ方や食べる量にこだわるのではなく、イスにすわってテーブルに向かうということに慣れてもらうことからはじめます。

　子どもの気持ちを食事に向かわせることを何より大切にします。

食事に向かう。

完全歩行できる子どもはおとなの手や指をつかみながら、歩いてイスに向かう。

いつもと同じ席につく。

子どもの身長にイスとテーブルの高さをあわせて、下にマットなどを置いて調節する。

子どもの利き手にあわせた位置関係にすわる。

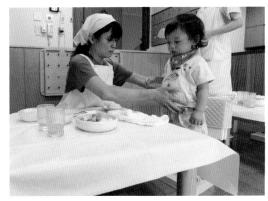

エプロンをつける。

子どもが自らつけやすいように、エプロンのゴムをひろげて待つ。

「エプロンつけるよ」という言葉に、頭を前に出して自ら入れようとする。

口を拭く。
手を拭く。

自ら手を出して手を拭く。

「手をふこうね」という言葉に、自らタオルの上に手を置く。

食べ物を手にとり噛み切る。

口に押し込まないように注意して見守る。
自分で噛み切り、一口量を知る。

スプーンで食べる。

手づかみ食の合間に、介助スプーンで食
べ物を取り込む。

手づかみで食べる。

子どもが取りやすいようにスプーンで、
食材の小わけなどの補助を行う。

指先でつまんで食べる。

子どもにあわせて一口量を調整する。

介助する。

手で食べやすい大きさと量にスプーンで
介助する。

コミュニケーションをとりながら。

言葉をかけながら介助して、食事のペー
スをつくる。

手を拭く。

「手をふこうね」という言葉に、自らタオ
ルの上に手を置く。

席を立つ。

おとながイスをひくと、自分で立って移
動する。イスを戻すのに手を置いて参加
する。

離乳完了期の食事のすすめ方

　歯もある程度生えてきて、食事のメニューとしては幼児食になりつつあり、おとなとほぼ同じ材料と調味料で調理します。

　あごの力や奥歯の生え具合などはまだ不十分なので、硬いものは避けて、歯ぐきで噛み砕けるものにします。子どもがその食材をちゃんと食べられるのかを、おとながスプーンの背でつぶすなどして確認して食事に入ります。

　食事のペースなどは個人差に配慮してすすめていきます。

離乳完了期の食器セット

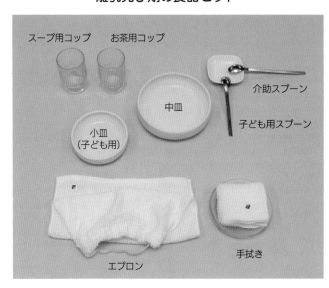

時期の目安：12 〜 18 か月頃

食べ方の目安：

　1 日 3 回の食事リズムを大切に、生活リズムを整える。

　手づかみ食べにより、自分で食べる楽しみを増やす。

子どもの姿：

　自食が始まる、咀嚼運動の練習期、前歯で噛み切る。

　舌、あごが自由に動くようになる。

　奥歯が生えてくると、噛んですりつぶし、唾液と混ぜて食べるようになる。

　歩行が可能になれば、自分のイスで食べる。

援助のポイント：

　子どもの体にあわせて、正しい姿勢になるようテーブルとイスの高さを調節。

　ゆで野菜など少し硬さのあるものを、一口量ずつ、小皿に与える。

　手づかみで食べて、手が口に入らなくなったらスプーンを持たせる。

　食べやすいものから自分で食べはじめる（食べにくいものを介助する）。

　スプーンにのせる一口量と食べ方に気を配る（一口量が多い丸飲みに注意する）。

　盛りつけ方、食器の置き方に気をつける

調理形態：歯ぐきで噛める固さ

1 回当たりの目安量：

　穀類：軟飯 90g 〜ご飯 80g

　野菜・果物：40g 〜 50g

　魚：15g 〜 20g　又は肉：15g 〜 20g　　又は豆腐：50g 〜 55g

　　　　　　　　又は卵：全卵 1/2 個〜 2/3 個　　又は乳製品：100g

歯の萌出の目安：

　離乳完了期の後半頃に奥歯（第一乳臼歯）が生え始める。

摂食機能の目安：歯を使うようになる。

0
〜
3
か月

4
〜
6
か月

7
〜
9
か月

10
〜
12
か月

13
〜
15
か月

16
〜
24
か月

25
〜
36
か月

着脱・排泄

　歩けるけれどもまだ不安定な子どもは抱きあげて交換台まで行きます。完全歩行ができる子どもは、おとなが手や指をさし出しながら排泄へ誘うと、つかんでいっしょに歩いていきます。

　ズボンを脱がせるときに足をあげてくれるなど、おとなが言うこと、今からすることに注目し、主体的に参加しようとする姿勢が見られます。これまでに見られたおむつ交換の最中の寝返りなどの動きは減り、おとなの求めに応えようとしてくれます。おとなの言葉がけと行為が一致しはじめる時期にあたり、体調や気分の波もありますが、見通しと習慣が持てるようになる前段階です。おとなはその都度子どもの気持ちや意欲を見極める必要があります。「わたしを見ていて」という気持ちをくみ取り、そして実際にできるかどうかを見守ります。待っても動いてくれないとき、しようとしてもうまくできないとき、できないことも「自分でしたい」という気持ちが強いときがあります。おとなは制止したり先回りしがちですが、子ども自身もできることとできないことを毎日の変化のなかで確認しながらすすめています。おとなからの励ましの言葉が一番必要なのです。

　子どもの願いに対して、おとながすべてを聞くわけではなく、また、口で言って強制的にすすめるのでもなく、その子どもとおとなの信頼関係にあわせて、毎回判断して対応します。着脱、排泄の範囲に限らず、この時期のおとなの対応は、のちの子どもの心のコントロールに大きな影響を与えることになるのです。

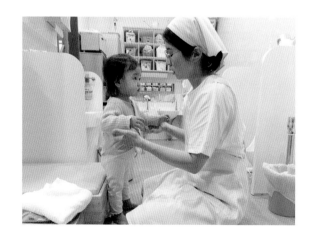

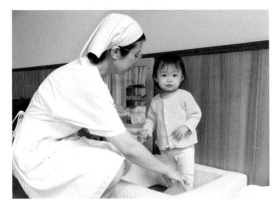

おむつ交換に誘う。

誘われて、おむつ交換に向かう。

歩いておむつ交換に向かう。

おとなの手をにぎって、歩いて交換台に
向かう。

準備された交換台にすわる。

次に何をするかわかっているので、自ら
交換台にすわろうとする。

交換台にすわってズボンを脱ぐ。

おとなの言葉がけにあわせて足をあげよ
うとする。おとなは、こうした子どもの
積極性や動きにあわせてすすめる。

おしりを拭いておむつを交換する。

おしりを持ちあげて拭く。
女の子は前から後ろへ拭く。
カット綿は常に清潔な面で拭く。

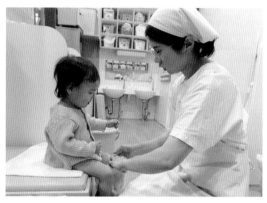

おむつを履く。

「おむつをはこうか」などの言葉がけにあわせて、子どもが足を入れようとする。

おむつに足を通す。

足を通しやすいように、おむつのギャザーをひろげる。つま先から足首まで入りやすいように手を添えて介助する。

両足を通す。

おとなは、子どもの動きを受け入れ、子どものペースで待つ。

手を添えて立つ。
おむつをあげる。

おとなは手を添えて、子どもが立ちあがるのを待つ。

「おむつをあげるよ」などと語りかけながらおしりまでおむつをあげる。

ズボンをあげる。

ズボンを腰まであげて、服を整える。

手洗いを見せる。

子どもに声をかけながら、手洗いするところを説明する。

手洗いの手順を言葉で伝える。

手洗いの手順を言葉で伝える。「お水出すね」「石鹸をつけるよ」「手のひら、右手の甲、左手の甲、指と指の間」など細かく言葉に置き換えていく。

少しわたしにまかせて
母子分離

体と心の発達、生活リズム

関節を調節する力ができあがる

　脳に近いところから始まった発達は、首がすわり、おすわりを経て立って歩くところまで到達しました。16 〜 18 か月頃には歩き方も安定してきて、早い子では小走りなどもできるようになります。また、股関節や膝や足首などの関節を調節する力ができあがっていく時期ですので、何もつかまらないで一人で立ちあがったり、何かを取るためにかがんだり、おとな用のイスにあがったり、正座をしたりと、姿勢をいろい

ろ変えることができるようにな
ります。

　体全体のバランスが取れてく
るので、かばんにものを入れて
持ち運ぶ、大きめの道具を引っ
張って歩く、押して歩く、小さ
めのタイヤのある道具を腹ばい
しながら押すなどの行動があそ
びのなかで見られます。

　1歳半頃になると、走ったり、
後ろ向きで歩いたりすることができるようになります。また、手を持ってもらったり、
1段ごとに両足をそろえるようにすれば、階段をのぼることができるようなります。
あそびのなかでは、ひもをつけた道具を、最初は道具を見ながら後ろ向きに歩き、次
第に自分の後ろに引きながら前を向いて歩くなどの行動が見られます。

手を使った細かい動きができる

　手指の細かい動きが発達し、積み木を3〜4個ほど積めるようになります。ただし、
両手を使ってバランスをとることができないので、あまり高く積むことはできません。
　また、紙にクレヨンで線をいくつか引くこともできるようになります。ねじる、つ
まむ、ひねるといったより複雑な手指の動
きも可能になるので、手首を動かしてドア
のノブをまわしたり、びんの栓を開閉した
り、ファスナーを上げ下げしたりといった
行動が見られるようになります。
　この頃から、だんだんと頻繁に使う方の
片手が決まるようになります。

二語文が出るようになる

　言葉を学習するテンポが早くなります。体の部位を聞かれるとその部分を指さすことができます。また、言葉のはやい子どもでは、「これ、なに？」「これ、とって」など、二つの単語をつなげて会話らしく話ができるなどします。おとなの言っていることも理解できるようになっていて、「棚にいるクマさん、取ってきてくれる？」などの要求も理解して取りにいってくれるようになります。知的発達の面では、同じものをペアとして組みあわせたり、型あわせで円と四角の場所を探したりすることもできるようになります。知っている人の顔を写真で見わけることもできます。

模倣してあそぶ

　観察力がついて、おとなや他の子どもの動作を模倣するようになります。たとえば人形を寝かせて布をお布団代わりにかけるというあそびなども、よく他の子どものまねをして同じようにやりたがります。

　この時期では、別の人形を連れてきて同じようにやることはできず、他の子どものあそびのなかにそのまま入ってしまうことがあります。「これは○○ちゃんが寝かせているから、あなたはこっちで寝かせてね」と言っても、なかなか聞き入れることができません。自我意識が芽生える時期なので、自分のやりたいことが通らないと葛藤が出てきてしまうのです。おとなは気長に何回もくりかえし伝えて、その子どもが受け入れることができた時には「そうだね、○○ちゃんがあそんでいたんだよね」とほめてあげます。そして「じゃあ、あなたには違うのを取りにいこうか」といって別の

人形を取りにいくというように、言葉だけでなく目の前でその子どもにわかるような形で説明していくと、少しずつ納得してくれるようになります。そして、2歳を過ぎる頃には、手を出しそうになった瞬間におとなの顔をみて、やはりダメなのだと手を引っ込めるようにまでなるのです。

　一方で、この時期は記憶を保存する時間がそれほど長くありません。新たに何か気になる出来事が起これば、今まで固執していたことをすっかり忘れてそちらの方へ気持ちを向けるという単純な面もあります。上手に気分転換できるようにするのも一つの方法です。

おとなが言わなくてもわかる

　1歳児の前半までは、月齢の差でまだ午前睡が必要な変則2回寝の子どもがいましたが、この時期にはほぼ全員が午睡だけになり、同じ日課を過ごすことができるようになります。

　この頃には、おとなと子どもは1対3で食事をするようになります。もうおとなが言わなくてもわかる子どもは、イスにす

わって自分でエプロンをつけ、口を拭いてもらうのを待っていたり、自分で何とかそれなりに拭いたりします。食べるときは自分でスプーンを持って口に運びますが、まだ上手にはできないので、時々スプーンが手のひらで回転してしまうこともあります。

食　事

　1歳の後半あたりには、おとな1人に対して子ども3人で食事をするようになります。4人がけのテーブルの真ん中におとながすわり、子どもたちの食事の補助を行います。食事に意欲的な子どもから先にテーブルについて食事をはじめます。食べる姿勢を整えれば、自分で食べ始めるので、おとなは残りの子どもを誘いにいくことができます。

　食事の前にはトイレで手を洗い、エプロンをかけて口を拭いて食べるという流れを子どもも把握していて、おとなよりも先に動いて、すわって自分で拭いたりする子どももいます。「食べる前に口を拭く」という行為は、衛生習慣ではありますが、主として子どもの気持ちが食事に向かうためという意図があったので、食事に意欲的で手を洗うなどできる子どもには必要な行為ではなくなってきます。食事の前の手拭きも、食事の前にトイレをすませた後に手を洗えていれば、もう一度行う必要はありません。

　手順を重視するあまりに子どもが待たされ、意欲がそがれることのほうが問題です。複数の子どもで食事をすすめる場合、おとなは子ども一人ひとりの食事の流れをスムーズになるよう気を配ります。子ども自身が見通しを持って流れをつくりはじめる時期だからこそ、動きを止める、待たせるということがないように配慮します。

　子どもはほとんどの行為を自分でやろうとします。おとなは、あくまで補助の役割に徹して、スプーンで食べ物を一口量にわけてあげたり、小さくつぶしておいたりして、子どもがスプーンを使って自分で食べられるようにします。

1人目を食事に誘う。

子どもを席に呼ぶ前に、エプロン、タオル、食器、スプーンなどを準備しておく。

自分の席に向かって歩く。

自らイスをひいてすわろうとする。

おとなは、子どもの積極性を受け入れて、先まわりせずに見守る。

姿勢を整える。

イスの真ん中にすわられているか、安定してすわられているかなどを確認して整える。足をそろえて床にしっかりとついているかを確認する。必要に応じて足置きなどを使用する。

エプロンをつけて、口を拭く、手を拭く。

自らエプロンをつけて、手を拭こうとする。おとなは、子どもが拭いたあとに丁寧に仕上げを行う。

**最初にすわって先に食事を始める。
スプーンを上にぎりで持ち、食べる。**

1人目の子どもの盛りつけをして食べ始めたら「○○ちゃんも声かけてくるね」と伝えて、誘いにいく。

2人目を誘う。

「○○ちゃん、食事にいこうか」と声をかける。あそんでいる道具をいっしょに元に戻す。

2人目が席について、食事を始める。

エプロンなどをつけて、盛りつける。

食べ物の量を調整する。

「ご飯をどのくらい食べる？」「これは苦手だから少しにする？」など、子どもと確認しながら盛りつける。

3 人目が席について、食事を始める。

最初にすわった子どもは、自分のペースで食べすすめている。

0
～
3
か月

4
～
6
か月

7
～
9
か月

10
～
12
か月

13
～
15
か月

**16
～
24
か月**

25
～
36
か月

3 人が席にすわって食事をすすめる。

おとなは、子どもそれぞれの介助スプーンを使いわけて対応する。

食事の量、スプーンなどは、一人ひとりの成長に応じて変更する。おとなの介助も、子どもの段階にあわせて対応する。

スプーンを持つ腕を支える。

スプーンを使う肘があがっていない時などは「肘をあげると食べやすいよ」と伝え、手を添えて支える。

食べ終えた子どもは席を離れる。

食べ終えた子どもは、口や手を拭いて、エプロンを外す。タオルとエプロンをたたむのを見守り、仕上げを手伝う。

食事後、午睡のためにベッドに向かい入るのを、おとなはつきそい、見守る。

幼児の食事に向けて

　2歳児の頃になると、食事の前にはトイレにいって手を洗い、どのテーブルにすわるか、そして、エプロンをつける、口を拭く、食べ終わったあとはベッドに向かうといった流れを、子どもはわかっています。そして、食事以外にも、子どもの成長をみることができます。

　子ども自身が食事の流れに見通しを持てていますから、自分のテーブルが用意されているのを見ると、いっしょに用意をするなどお手伝いするということも楽しみはじめめます。

　おとなは、そうした子どもの行為を好意的に受け入れます。そうした習慣が、将来、幼児のクラスにあがった時の、人のために動くこと、お手伝いすること、それに対してありがとうと言われる喜びにつながっていくのです。2歳児クラスの食事は、「仲間と楽しく」に向けた練習期間ともいえるのです。

幼児食に向けた食器セット

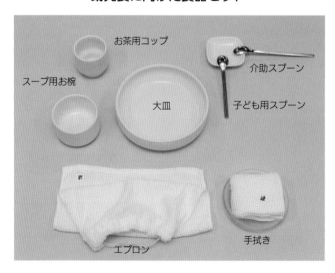

お茶用コップ

スープ用お椀

介助スプーン

大皿

子ども用スプーン

エプロン

手拭き

時期の目安：離乳食以後

食べ方の目安：

自分で食事をすすめられる。

スプーンで食べることがかなり上手くなる。

汁碗へ移行する。

援助のポイント：

食事の進行やペースを見守り、子どもにあわせて、必要な介助を行う。

身支度から食事まで、自分でできるようになることを前提にする。

目の前でスプーンで食材を食べやすい大きさに切りわけたりするのを見せる。

お椀の持ち方や姿勢が崩れたりすることを言葉などで伝える。

着脱・排泄

　1歳後半ぐらいからトイレットトレーニングが始まります。個人によって、また、季節によって始めるタイミングが異なります。保護者と相談しながら家庭でのトレーニングとあわせてすすめるようにします。トイレットトレーニングは、ある時期に急に始めるといったものではなく、0歳のはじめの頃からおむつを外すという見通しを持って行います。

　この頃からは排尿間隔は一定になりつつあるので、おとなは排尿時間を個別に調べます。たとえば、ある子どもの排尿間隔が1時間半だとしたら、その時間の10分前ぐらいにトイレに行って、おむつが濡れていなければ便器やおまるにすわります。また、午睡後などにおむつが濡れていなければ、そのままトイレに連れていきます。そこで偶然出た場合はうんとほめてあげますが、なかなか出なかったり嫌がっている場合にはそこに長くすわらせないようにします。2歳近くになってくると、おしっこが出て気持ちが悪いと自分で「おしっこ」「しーしー」などと知らせるようになります。

　おむつ交換をする際も、子どもはかなり協力的になっています。しっかりと習慣がついている子どもは、ズボンを脱いでおむつを外し待つことができます。子どもがおとなに協力してくれた時には、「自分でできるようになってきたね」「ここも自分でできたね」ということを必ず言葉にして伝えてあげることが大切です。

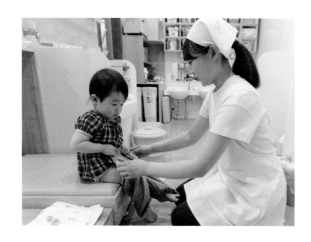

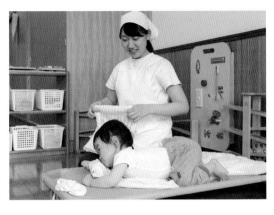

午睡明け。

「よく寝たね」「着替えておやつにしようか」など、子どもが快く起きられるように声をかける。

目が覚めてベッドにすわる。
濡れたタオルで顔を拭いて、
目覚めを促す。

特に目のまわりを丁寧に拭く。目が覚めたら顔を洗うという習慣につながる。

目・鼻・口などの部位を言葉にしながら拭く。

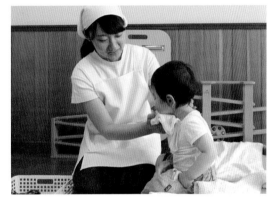

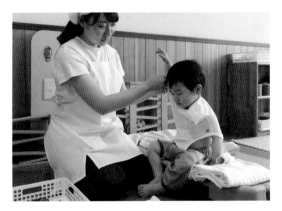

袖から腕を抜く。

肘から抜くようにする。子どもの要求に応じて、着替えを援助する。

頭を入れる。

子どもだけでは着替えが難しいところを援助する。

0〜3か月
4〜6か月
7〜9か月
10〜12か月
13〜15か月
16〜24か月
25〜36か月

袖を通す。

自ら腕を通そうとするので、服の下を持って着やすいように援助する。

着替えを終えて、トイレに向かう。

おとなに手を添えてもらって立ちあがる。

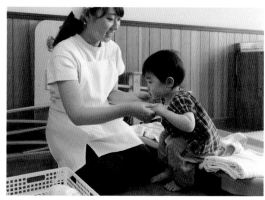

歩いてトイレに向かう。

おとなといっしょにトイレに向かう。

ズボンを脱ぐ。

「おむつを替えようね」と声をかけて、ズボンを下におろす。

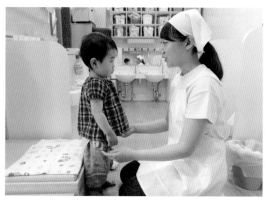

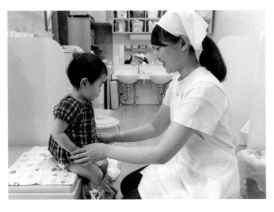

交換台にすわる。

ズボンを下におろして交換台にすわる。子どもが自分でできない部分をおとなが援助する。

汚れたおむつを外したら、便器に誘う。

便器に誘う。脱いだズボンをたたんで、横に置いておく。一つひとつの行為を言葉にして説明していく。

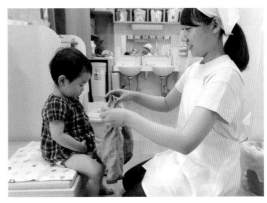

便座にすわる。

おむつが濡れていても濡れていなくても、おむつ替えの間隔が長い午睡明けには、便座にすわってみる。

排尿の間隔を確認する。

「おしっこでるかな？」と本人の感覚を確かめる。長く粘らずに、「またおしえてね」と声をかけて切りあげる。もし出たら、女の子はトイレットペーパーで前から後ろに拭く。男の子はおしっこを切る。

0〜3か月

4〜6か月

7〜9か月

10〜12か月

13〜15か月

16〜24か月

25〜36か月

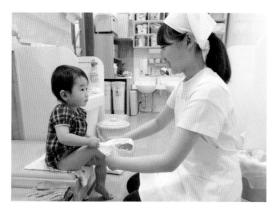

おむつを履く。

自ら足をあげてくれるので、動きをあわせて履かせる。

両手でおむつをあげる。

子ども自身がおむつを自ら両手でしっかりと引きあげようとする。手を添えて援助する。

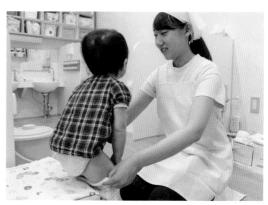

シャツのボタンをつける。

「じょうずにはけたね」などと声をかけて、意欲的に次の行為にうつることができるようにする。

ズボンを履く。

つま先からズボンに足を通して、自ら両手で引きあげて履こうとする。おとなは手を添えて履けるように援助する。

水道で手を洗う。

いっしょに手を洗う。「蛇口をひねるよ」「水を出すよ」「石鹸をつけよう」「水をきろうね」と言葉をかけながら、一つひとつをいっしょに行う。

手本を示し、子どもが自分でしたいという気持ちを尊重する。

自分のタオルをとる。

自分のマークのついたタオルを選んで手にする。

手を拭く。

手順を丁寧に伝えながら、手を拭く。濡れているところはないか確認して、タオルを元に戻す。

部屋に戻る。

すっきりした気持ちで部屋に戻る。

ひとりでできるよ
自律から自立へ

体と心の発達、生活リズム

体全体をコントロールしていく

　2歳頃から、歩く、走る、跳ぶなどの動作はまずできるようになります。この頃には、片手で壁をさわりながら階段をのぼったりすることができます。また、あそびのなかでは、片膝をついてあそぶ、ボールを蹴る、小さめのボールを頭の上から投げる、両足跳び、もしくは大胆に一歩跳ぶなどの行動が見られます。

　これまでに、股関節や膝、足首などの関節は調節できるようになっていますが、体全体を使って走ったり歩いたりすることについては、まだぎこちなさが残っています。

　自分の体をコントロールしていくことが課題になりますが、そのためにはただまっすぐに走るのではなく、ジグザグに歩いたり走ったりすることをあそびのなかに意図的に入れていく必要があります。

道具をコントロールできる

この頃には、積み木も5～6個積めるようになります。

描くことも上達して、以前のなぐりがきから、曲線や円、波形などが描けるようになります。クレヨンの持ち方もわしづかみからおとなと同じような持ち方に変わります。本のページを1枚ずつめくる、お菓子の包み紙をむく、スティック2本の太鼓をたたくなどもできるようになります。

ボタンをかけたり、はさみを使ったりといった高度な運動はまだ苦手です。手の力をコントロールして道具をうまく使えるようになるのは3歳以降になります。

ある程度の記憶の保存が可能に

言葉がますます増え、表現も豊かになります。過去形など一定の文法を使って、簡単な文章も作ることができるようになります。コミュニケーションがとれようになるので、おとなとしても楽しくなる時期です。

子ども同士でも言葉のやりとりがみられますが、おとなが使うような言葉を喋る子どももいれば、ゆっくりとすすんでいる子どももいます。また、これまでおとなの質問に対して「うん」（肯定）か「ううん」（否定）でしか答えられなかったのが、誰と行ったとか、何に乗って行ったとか、お父さんは何をしていたというように、記憶を辿って具体的に答えられるようになります。おとなは、子どもと会話する時には、子どもが記憶を辿って言葉にしていけるように、具体的に尋ねるようにします。

この頃には、記憶もある程度保存できるようになっているので、あそびのなかでおとなの模倣をしたり、家庭の生活を再現したりすることが多くなってきます。くりかえしのある短いお話やわらべうた、ごろあわせなどは喜んで聞き、何度か聞いただけですぐに覚えてしまいます。

ひとりあそびから二人あそびへ

この頃は、ひとりあそびが中心ですが、人と関わることの楽しさが少しずつわかってくる時期です。まだ集団あそびには至らず、お店屋さんごっこの店員さんとお客さん、お医者さんごっこのお医者さんと患者さんなどという2人の関係です。

しかし、この時期は両方の役割を一人で演じてゴチャゴチャ

になったりするので、おとなが役割をきちんとわけてあげたほうがスムーズでしょう。また、その役割がどのようなことをするのかを、おとながモデルを示しながら、使用するものの名前や用途などを伝えていくことで、あそびも整理されていきます。

このようなあそびを体験するなかで、ものを貸してほしい時には「〇〇ちゃん、貸して」と言い、その子に「いいよ」と言われたら借りる、あそびの仲間に入れてほしいときには「入れて」と言い、「いいよ」と言われたら入るなどのルールがわかってくれば、幼児の段階でもっと複雑なあそびができるようになります。

生活に必要な行為が身につく

睡眠については、全員が午睡だけの1回寝です。

食事についても、子どもがひとりで食べられるようになっていくので、おとなと子どもは1対6になります。食事のときのエプロンも徐々に必要なくなっていきます。

排泄については、おむつをしている子どもはいますが、2歳

の間にだいたい取れるようになります。この頃にはトイレを使うようになり、男の子は立って、女の子は便器にすわってします。

　着脱についても、ズボンを脱いだり、ミトン手袋をはめたり、靴を履いたりすることができます。0〜1歳の間に丁寧に保育していけば、すべてのことについて子どもは協力的になり、援助しなくてもよくなっていきいます。ただし、かなり個人差があるのと、その日の気分によってやったりやらなかったりとムラがあるので、そのときどきの子どもの気持ちを汲みながら、どうしてもやりたくない様子のときは「今日は私がやるけどいいかな」といって手伝ったり、自分で最後までやるという気持ちが強いときは「今日はがんばってみよう」といって見守ったりするなど、状況にあわせて対応することが大事です。

子どもの気持ちを言葉で表現する

　言葉がはっきりし始める頃から、自我が強くなってきます。おとなが先読みしてやってしまったり、こうだと押しつけると絶対にうんと言わなくなります。

　自我が芽生えてくると心のなかに葛藤が起こります。その時に、おとなが気持ちを代弁してあげることが重要です。たとえば、物の取り合いで怒っているときには、「物を取られたから怒っているんだよね」というように、言葉にして伝えていきます。そうすることで、子どもが自分の感情をしだいに理解するようになります。

　また、この時期にはやきもちの感情も生まれます。おとなが他の子どもの世話をしているとやりとりに入ってきたりするのです。そのようなときには、「今○○ちゃんのお世話をしているの。○○ちゃんが終わったら必ずあなたのこともするから待っていてね」と伝え続けます。他の子どもが終わったら次はあなたという順番や秩序が内面化されていく時期なので、しっかりと言葉にして伝えてあげるのがよいのです。おとなは、言葉と行為が常に一致するように気をつけます。

0〜3か月
4〜6か月
7〜9か月
10〜12か月
13〜15か月
16〜24か月
25〜36か月

食　事

　自分で食事も取れるようになっています。こぼすことも少なくなってきて、エプロンを外して食べられる子どももいます。食事に関してはおとなによるスプーンでの介助はほとんどなくなりますので、おとな1人に対して子どもが6人で食べるようになります。ただ、配慮する部分がまったくなくなるわけではありません。自分で食べられるようになるこの時期は、いっしょに食べる人数が増えていることもあるので、食事を開始するまでの流れをスムーズにするように気をつけます。

　手洗いもほとんどが自分ひとりでできるようになりますが、得意な子ども、不得意な子どもがいますので、援助が必要な場合は手伝います。全員が食卓につくまで止まることなくすすむようにします。席についた際には、必ず全員がしっかりとした姿勢でイスにすわっているかを確認するようにします。

　食事のペースは子どもによって差がありますが、食事のテンポがくずれないように援助します。席につくのを無理強いせずに、「そろそろ食事にしようか」と言葉がけすることで、自分たちから道具を片づけて手洗いに行くようにし、行為を見守ります。

　おとなが食事の準備をするのを見て、子どもから手伝ってくれたりもしますので、その気持ちを受けとめてできるものはいっしょに行うようにします。子どもたちの「ひとりでできるよ」という気持ちに細かく気づき、そして認めてあげながら一連の動きをまとめていくのです。

1組目のテーブルに1人目がすわる。

子どもを席に呼ぶ前に、エプロン、タオル、食器、スプーンなどを準備しておく。

この頃には、食べる順番をわかって、誘わなくても自ら来る子どももいる。

エプロンをつけて、口と手を拭く。

自分で準備をすすめることができる。手を拭くなどの仕上げはおとなが行う。

盛りつけする。

その日の献立について子どもと会話しながら、食事量を確認して盛りつける。

2人目が席につく。

2人目の子どもを誘うと、席について、エプロンをつけて、口や手を拭く。おとなは様子を見守り、仕上げなど援助する。

0〜3か月
4〜6か月
7〜9か月
10〜12か月
13〜15か月
16〜24か月
25〜36か月

盛りつけて食事をすすめる。

1人目に続き、献立を伝えて、盛りつけて食事をすすめる。この頃には、テーブルの友だちと会話をするようになる。

3人目が加わり、食事をすすめる。

3人がそろって食事をすすめる。

2組目のテーブルに4人目がすわる。

食事前の準備、盛りつけをすすめる。隣のテーブルの子どもにも目を配る。

それぞれの食事を見守る。
食べ方が偏らないように声をかける。

食事のペース、スプーンの持ち方、すくい方、一口量、運び方、食器の扱い方などを一人ひとりを把握して、必要な場合には援助する。

6人で食事をすすめる。

会話するようになり、みんなで食べることを楽しいと感じる。

おとなは、それぞれに援助をしながら、食卓全体の雰囲気を大切にする。

エプロンとおしぼりをたたむ。

エプロンを外し、おしぼりをひろげ、口を拭く。面を変えて手を拭く。

おとなは行為を見守り、指の間を拭いているかなどを確認して、援助する。

順番に食事を終える。

個々のペースで食事がすすんでいく。

食事後、午睡のためにベッドに向かい入るのを、おとなはつきそい、見守る。

食事を終える。

「ごちそうさま」などと言って、自ら食事を終える。これまでは、おとなから「もう、ごちそうさまする？」などと聞かれていたのを、自分の意思で終える。

0〜3か月

4〜6か月

7〜9か月

10〜12か月

13〜15か月

16〜24か月

25〜36か月

着脱・排泄

　いまの子どもたちを取り巻く環境を考えれば、2歳の間におむつが取れればよいほうです。

　おむつが取れればトイレを使うようになります。男の子はおしっこの場合立ってしますし、女の子は便器にすわります。水を流すということはみんなできますが、排泄後にきちんと拭くという行為は、できる子どもとできない子どもがいます。初めのうちは、おとながトイレットペーパーを切って拭きますが、そのうちに自分で拭こうとし始めます。しかし、まだ完全に拭けるわけではありませんので、おとなが最後に拭いてあげるようにします。その時に、「じゃあ私が最後にやっていい？」と聞くようにします。

　午睡後には着替えを行います。袖から腕を抜くとか、裾をきちんと入れるといった難しい部分はまだおとなの援助が必要ですが、ほとんど自分で行うことができます。きちんとできていないところがあるようなら、まず声をかけて自分でやってみるように促します。それでもできない場合には、手伝ってよいか子どもに確認を取ってから援助するようにします。

午睡明け。

子どもが起きる頃に声をかける。「着替えようね」などと声をかける。

トイレに向かう。

普段なら顔を拭いて目覚めて、着替えてからトイレに行くが、子どもによっては、排尿感覚を覚え「トイレに行きたい」と主張する。おとなは、子どもの要求に応える。

便座にすわって排尿する。

月齢が低い場合には下の服を脱ぐ。子どもの前にすわって様子を見守る。

トイレットペーパーをたたむ。

いっしょにたたんで、トイレットペーパーの正しい使い方を言葉と行為で知らせていく。

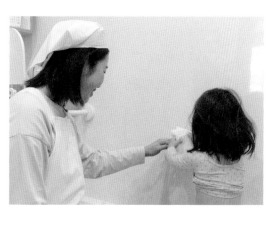

0
〜
3
か月

4
〜
6
か月

7
〜
9
か月

10
〜
12
か月

13
〜
15
か月

16
〜
24
か月

25
〜
36
か月

自分で拭く。
水を流す。

正しく拭かれているかを確認する（女の子の場合は前から後ろへ）。本人に確認して、おとなが仕上げをする。終えたら、水を流す。

手を洗う。指の間も洗う。

おとなが手洗いの仕草を見せながら、いっしょに手を洗う。石鹸を使って丁寧に洗っているかを確認。手を濡らし、水を止めて、石鹸を使い、最後にすすぎの順序を、言葉にして伝えていく。

手洗い後、自分のタオルで拭く。

濡れたところを確認しながら、拭き残しがないかを、子どもといっしょに確認していく。

顔を拭くナプキンを取る。

部屋に戻り、顔を拭くナプキンを決まった場所から取る。

濡れたタオルで顔を拭く。

刺激を与え、目覚めをよくする。

特に目のまわり、鼻、口まわりが汚れやすいので、言葉で知らせながら拭く。

自分で着替える。
子どもの要求に応じて着替えを助ける。

腕抜きなどは、おとなに援助してもらう。

腕、頭の順に脱ぐのは、脱いだ後に服が裏返しになるのを防ぐため。

片足ずつ足をいれてズボンを履く。

子どもの行為を見守りながら、きれいに履く方法を知らせていく。

ズボンを腰まであげる。

子どもが自分でしようとする行為を最後まで見守りながら、やり残したところを言葉で知らせる。

0〜3か月
4〜6か月
7〜9か月
10〜12か月
13〜15か月
16〜24か月
25〜36か月

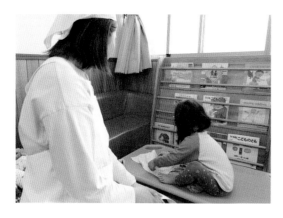

脱いだ衣類をたたむ。

おとなは手を出さずに、子どもの行為を
見守る。

自分でたたむ。

時間をかけながら一枚一枚たたむ。

子どもが助けを求められたら手伝う。

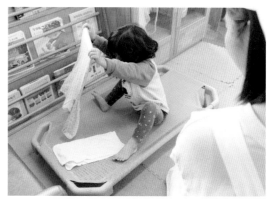

たたんだ服を片づける。

決まった場所まで歩いて持っていく。

服を決まった場所に戻す。

おとなは遠くから一連の動作を終えるま
で見守る。

男の子の場合
立位でできるようになる。

便座の前で、ズボン、パンツを足首まで
自分でおろすことができる。

徐々に、全部を脱いでしまわないで済む
ように、促しながら行為を見守る。

立って排尿する。

便器の補助に手を添えて排尿する。便器
からこぼれないよう、言葉をかける。

水を流す。

排尿後、便器の水洗ボタンを押す。

服を着る。

パンツ、ズボンを履く。自分で履けるよ
うになっているので、おとなは、整えたり、
仕上げたりする。

育児担当制と流れる日課
子どもが安心して過ごせるように

一人ひとりの子どもの要求に応える

　育児担当制では、クラスのスケジュールに子どもをあわせるのではなく、一人ひとりの子どもの日課をクラスのなかで流れるように構成します。クラスをのぞいて見ると、一人の子どもは寝ている、別の子どもは食事をしている、さらに他の子どもたちはあそんでいるという状態が見られます。子どもの行為を一斉に行うのではなく、一人ひとりの生体リズムや生活リズムを考えながら、一人ひとりの日課、担当グループをつくり、それをクラス全体のスケジュールとして組み込みます。そして、子どもの担当および副担当、そしてグループそれぞれが連携をはかりながら円滑にすすめていきます。これを「流れる日課」と呼び、一人ひとりの子どもの行為や生活がクラスのなかでスムーズに流れることを意味します。子どもが不必要に待つ時間があったり、子どもの行為が中断されたりすることがない日課を指します。

　流れる日課のなかで生活している子どもは、次に自分がどのような行為をするのか、自分の順番がいつまわってくるのかがわかるようになります。毎日の生活が規則的にくりかえされ、次の出来事がわかるということは、子どもに安心感や落ち着いた雰囲気をもたらします。家庭とは違う環境にきた子どもたちにとって、安心できることはとても重要ですし、また、子どもたちがクラスの環境に適応するのを助けてくれます。

　保育者と子どもが1対1で関わることが、育児担当制の大切な目的の一つです。保育者が個別に子どもに接することで、その子どもに必要な言葉をかけることになり、言葉の発達や自己認識を促すことができます。たとえば靴下や靴を履くなどの生活行為の援助を通しても、その子どもの運動発達と知的発達を促すなど、"質の高い"保育が可能となります。

もし流れる日課ができておらず、見通しの持てない生活によって、子どもが何をしてよいかわからない時間、不必要に待つ時間があったらどうなるでしょう。まず、クラスに落ち着きがなくなり、子どもたちは不安になります。

　食事の例でいえば、流れる日課が行われている場合は、子どもは自分がご飯を食べる順番がわかっているので、自分が呼ばれるまで落ち着いてあそんで待つことができます。もし順番が見通せなかったら、いつ自分がご飯に呼ばれるのかと落ち着かなくなり、あそびに集中できないでしょう。

　流れる日課のなかで、自分の順番が見通せる習慣が身についていれば、他の子どもの食事に寄っていったり、他の子どものあそびに無理に入ろうとすることは起こりにくくなります。自然とクラスに秩序感が生まれていきます。

　子どもの日課は毎日同じことがくりかえされます。そして、クラスにおいても流れる日課がくりかえされます。そうやって毎日の生活がくりかえされることで、子どもたちは、生活を見通せるようになっていくのです。

　育児担当制における流れる日課は、保育者にとって働きやすい環境を生み出します。保育者も、次に何をしたらよいのか予測がついて、落ち着いて子どもと接する時間を取ることができて、その時に関わっている子どもに集中できます。保育者が気持ちに余裕をもって子ども一人ひとりに関わることができると、子どもも安心して、見通しを持った生活を過ごすことができるのです。

一人ひとりの日課をつくる

　実際に日課をつくるにあたっては、子ども一人ひとりの生理的・身体的欲求を満たすということが最も大切です。具体的には、いつ、どれだけ食べるのか、1日に何回、どのように寝るのか、排泄をどのように行うのかということです。

　一人ひとりの子どもの食事や睡眠の時間を決めるためには、家庭でどのような日課を過ごしているかが重要になります。たとえば、朝授乳をしてきたのか、ご飯を食べてきたのか、いつ食べたのか、もしくは食べずにきたのかということがあります。朝何時にご飯を食べるのかがわかれば、食事の間隔は決まっているので、食事の時間が必然的に決まります。そして次に、いつ寝るのか、何回寝るのかによって、日課のなかに睡眠が入る位置も決まります。食事と睡眠の時間が決まれば、それ以外はその子どものあそびの時間となります。一人ひとりの欲求にあわせて日課を組むために、0歳児クラス、1歳児クラス、2歳児クラスと、年齢ごとに日課が違ってきます。

年齢によって違いがありますが、子ども一人ひとりにも特徴があります。家庭環境、家庭状況の多様化により、子どもたちの生活リズムには大きな差が出てきていますが、それぞれのリズムを大切にします。たとえば、一番最初に給食ができる時間が11時だとしたら、朝6時に朝食を食べている子どもの場合、11時までは待てません。そのような子どもには給食前に軽い補助食をあげることが必要になります。また、朝早く起きるので給食までに眠くなる子どもは、午前睡を入れて、その子どもが気持ちよくあそべるような時間帯をつくります。

　季節によっても、日課を変化させていく必要があります。夏は外で長くあそべますが、冬は室内あそびが多くなります。雨や雪が降ったときなども、活動内容を変えていく必要があります。担当の保育者が休みのときや新入園児がクラスに入ってきたとき、また子どもが成長して自分でできることが増えたときなど、状況によって融通をきかせることが大事です。家庭によっては、前日の就寝時間やその日の朝食の有無が変わることもあります。子どもの生活の変化によって、日課を対応させることが大切です。

流れる日課づくりのために

　①一人ひとりの子どもの欲求を念頭におきながら、クラス全体を満足させる。
　②園の日課を家庭の日課と調和させる。
　③子どもの欲求や要求は年齢や発達にあわせて変化していることを知る。
　④季節にあわせて日課を変える。
　⑤子どもの状態にあわせて柔軟に変化させる（おとなの都合で変えない）。

一人ひとりのための担当とグループ

　流れる日課をつくるためには、子どもの発達段階だけでなく、生活リズムに合わせてグループわけをすることが大切です。子どもが背負っている家庭の生活のリズムをどうやって保育施設が自然に受け入れていくかという、一人ひとりの24時間を把握しなければ、適切な日課はつくれません。保護者に入園1週間前の毎日（24時間）の生活のリズムを記述してもらいます。また、園によっては、開園時間や給食の開始時間、職員の勤務形態など制約がありますが、それらの条件を考慮しながら、クラスの1日の流れに一人ひとりの子どもたちの日課を入れてグループをつくります。

なお、グループを組むことは、グループ単位で子どもがまとめて保育されることを意味するのではありません。おとなはグループのなかの子ども一人ひとりに関わります。たとえば、散歩からもどって靴を履きかえたりお茶を飲んだりするとき、グループ一斉で流れ作業にならないようにします。また、3人グループの子どもの一人が休んだとき、空いた食事の席に別の子どもをすわらせて効率よく流そうとするのではなく、いつもいる子どもの席が空いていることで他の友だちは、その子どもの存在を実感することができます。

　育児担当制によって、同じ保育者が一人の子どもを観察することにより、その子どもの発達や習慣をより正確に知ることができます。子どもの状態がしっかりと把握できれば、それにふさわしい働きかけができるようになり、子どもの発達を助けることができます。担当の保育者は、何か起これば必ず助けてくれる母親代わりともいえる存在で、子どもに情緒的な安定をもたらしてくれます。情緒的に安定している子どもは、生活行為にもあそびにも積極的で、それがまた発達とも大きな関わりをもっているのです。

　育児担当制を組むときには、担当の保育者が生活行為の援助ができない場合には別の保育者が援助できるように、担当と副担当を決めるようにします。保育者は担当の子どもだけでなく、他の子どもの副担当もします。保育者が担当の子ども一人の食事を援助している間には、副担当が他の子どものあそびをみているというようにします。保育者同士が連携をとって日課が流れるようにしなければ、一人ひとりの子どもの生活を丁寧に援助することはできません。

　日課が流れるためには、保育者同士が同じことを同時にしないということが前提になります。おとなが協力しあい、連携して保育にあたることが求められます。

おとなの連携のために

　①一人ひとりの子どもの要求に応える。

　②一人ひとりの子どもに関わるとき、他の子どもの状況を把握する。

　③他の保育者が行うことを含めて全体の流れを把握する。

0歳児クラスの子どもと担当保育者の1日の流れの例

定員12名 在籍11名の場合　　　　　　　　▨▨▨▨：睡眠

時間	A1 14か月	A2 14か月	A3 12か月	B1 9か月	B2 8か月	B3 6か月	C1 8か月	C2 2か月	D1 10か月	D2 10か月	D3 10か月
6:00	食事		食事			ミルク	ミルク	母乳		食事	
7:00		食事		母乳	ミルク	登園		登園	食事	登園／排泄	ミルク
8:00	登園／排泄		登園／排泄				登園	排泄		排泄	登園
9:00	水分補給	登園／排泄／水分補給	水分補給	登園／排泄／水分補給	登園／排泄／水分補給	排泄／水分補給	排泄／水分補給	排泄／排泄／ミルク	登園／排泄／水分補給	排泄／水分補給	排泄／水分補給
10:00	排泄／食事		排泄／食事			排泄／食事	排泄	排泄		排泄／食事	排泄／食事
11:00		排泄／食事		排泄／食事	排泄／食事	排泄	排泄	排泄	排泄	排泄	排泄
12:00	排泄	排泄	排泄	排泄	排泄		排泄	排泄	食事／排泄		
13:00	排泄	排泄	排泄	排泄		排泄	排泄	排泄／ミルク	排泄	排泄	排泄
14:00	排泄	排泄／食事		排泄	排泄			排泄		排泄／食事	
15:00	排泄／食事	排泄／食事		排泄／食事	排泄／食事	排泄／ミルク／排泄	排泄／食事	排泄	排泄／食事		排泄／食事
16:00	排泄			排泄	排泄		排泄	排泄／ミルク	降園	排泄	排泄
17:00	排泄／水分補給／降園	排泄／水分補給／降園	排泄／水分補給／降園	排泄／水分補給／降園	排泄／水分補給／降園	排泄／水分補給／降園	排泄／水分補給／降園	排泄／降園		排泄／水分補給	排泄／水分補給／降園
18:00	夕食／入浴						夕食			降園	
19:00		夕食／入浴	夕食／入浴	夕食	ミルク／入浴	ミルク／入浴	入浴	母乳／入浴	夕食／入浴	夕食	夕食／入浴
20:00				入浴						入浴	
21:00							ミルク				
22:00								母乳			
23:00											

時間	A 早番 (7:00~15:45)	B 中番 (8:15~17:00)	C 中番 (9:00~17:45)	D 遅番 (9:30~18:15)
6:00				
7:00	出 勤			
	分担の仕事 受け入れ、視診、あそび D2　排泄 C2　排泄			
8:00		出 勤		
		分担の仕事		
9:00	A3　排泄、水分補給 A1　排泄、水分補給 D2　排泄、水分補給 A2　排泄、水分補給	B3　排泄、水分補給 B2　排泄、水分補給 B1　排泄、水分補給	出 勤 分担の仕事 C2　排泄 C1　排泄、水分補給	出 勤 分担の仕事 D3　排泄、水分補給 D1　排泄、水分補給
10:00		B3　排泄、食事、排泄	C2　排泄、ミルク C2　排泄 C1　排泄	D2　排泄、食事 D3　排泄、食事 D2　排泄 D3　排泄 D1　排泄
	A3　排泄、食事 A1　排泄、食事 A2　排泄、食事	B2　排泄、食事 B1　排泄、食事		
11:00			C1　排泄、食事 C2　排泄	
12:00	A3　排泄 A1　排泄 A2　排泄	B2　排泄 B1　排泄		D1　食事、排泄
			休憩・記録	休憩・記録
13:00	休憩・記録	B2　排泄 B3　排泄 B1　排泄	C1　排泄 C2　排泄、ミルク C1　排泄	D2　排泄 D3　排泄 D1　排泄
	A3　排泄 A1　排泄 A2　排泄			
14:00		休憩・記録	C2　排泄	
	A3　排泄、食事	B2　排泄 B3　排泄、ミルク		
15:00	A1　排泄、食事 A2　排泄、食事	B2　食事 B3　排泄 B1　排泄、食事 B2　排泄	C2　排泄 C2　排泄 C1　排泄、食事	D2　排泄、食事 D3　排泄、食事 D1　排泄、食事
16:00	退 勤			D2　排泄 D3　排泄 A1　排泄
17:00		B1　排泄 B2　排泄、水分補給 B3　排泄、水分補給 B1　排泄、水分補給	C2　排泄、ミルク C1　排泄 A3　排泄、水分補給 C2　排泄 C1　排泄、水分補給	A2　排泄、水分補給 A1　排泄、水分補給 D3　排泄、水分補給 D2　排泄、水分補給
		退 勤	退 勤	分担の仕事
18:00				退 勤
19:00				D2　降園 （延長保育担当）
20:00				
21:00				
22:00				
23:00				

仕事の分担

【A早番】
● 換気
● 洗濯機・滅菌機
● ベッドルーム掃除機
● 白湯づくり
● プレイルーム床棚拭き

【B中番】
● お茶の用意
● 顔拭き・手拭きつくる
● エプロン
● 外あそびの用意
● 給食人数出し
● レンタルおむつバケツ洗い

【C中番】
● 植木の水やり・花びんの水換え
● トイレ・浴槽掃除
● 食事後の片づけ
● おやつ後の片づけ
● おもちゃ消毒
● ごみ捨て

【D遅番】
● 食事の用意
● プレイルーム掃除機
● コンセント抜く
● 戸じまり・安全点検

※延長担当の保育者や
　フリーの保育者を必要に応じて配置
● 延長保育時間の対応など
● あそびなど
● エプロン・タオル・おむつなど
● 食事の準備・片づけなど
● 掃除、消毒、各種補充など

※担当・副担当を決める時は、
　子どもの食事や排泄の順番などが
　変わらないようにする

1歳児クラスの子どもと担当保育者の1日の流れの例

定員15名 在籍15名の場合　　　　　　　　　　　　　　　　　 ：睡眠

子ども一覧（年齢）：A1 24か月／A2 21か月／A3 21か月／A4 27か月／A5 25か月／B1 27か月／B2 24か月／B3 21か月／B4 21か月／B5 22か月／C1 25か月／C2 18か月／C3 17か月／C4 16か月／C5 20か月

時間軸：6:00〜23:00

各児の1日の流れ（主な活動：朝食・登園・排泄・戸外あそび・水分補給・食事・降園・夕食・入浴／睡眠は網かけ）

A1（24か月）：7:30 朝食／8:00 登園／9:00 排泄／10:00 戸外あそび・水分補給／11:00 排泄・食事／12:00〜14:00 睡眠／14:00 排泄・食事／16:30 排泄・水分補給／18:00 降園／19:00 夕食／20:00 入浴

A2（21か月）：6:45 朝食／8:45 登園／9:15 排泄／10:00 戸外あそび・水分補給／10:45 排泄・食事／14:00 排泄・食事／15:30 排泄／17:00 排泄・水分補給・降園／18:00 夕食／19:00 入浴

A3（21か月）：7:15 朝食／8:45 登園／9:45 排泄／10:00 戸外あそび・水分補給／10:45 排泄・食事／14:00 排泄・食事／15:00 排泄／16:00 排泄・水分補給／17:15 排泄・降園／18:00 夕食／19:30 入浴

A4（27か月）：7:15 朝食／8:00 登園／9:00 排泄／10:00 戸外あそび・水分補給／11:30 排泄／14:00 排泄・食事／16:00 排泄・水分補給／18:15 排泄・降園／19:30 夕食／20:00 入浴

A5（25か月）：7:15 朝食／8:15 登園／9:00 排泄／10:00 戸外あそび・水分補給／11:30 排泄・食事／14:00 排泄／14:30 食事／16:00 排泄・水分補給／18:00 降園／19:30 夕食／20:00 入浴

B1（27か月）：7:45 朝食／8:45 登園／9:30 排泄／10:00 戸外あそび・水分補給／11:30 排泄・食事／14:00 排泄／15:00 食事／16:00 排泄・水分補給／17:00 降園／19:00 夕食／19:30 入浴

B2（24か月）：7:15 朝食／8:45 登園／10:00 戸外あそび・水分補給／10:30 排泄／11:30 食事／12:30 排泄・食事／14:00 排泄／15:00 食事／16:00 排泄・水分補給／17:00 降園／18:30 夕食／19:00 入浴

B3（21か月）：6:45 朝食／8:00 登園／9:30 排泄／10:00 戸外あそび・水分補給／11:30 排泄・食事／12:30 排泄・食事／14:00 排泄／15:00 食事／16:00 排泄／18:00 降園／19:00 夕食／20:00 入浴

B4（21か月）：6:30 朝食・登園／7:15 排泄／10:00 戸外あそび・水分補給／10:30 排泄／14:00 排泄／15:00 食事・排泄／16:30 排泄／18:00 排泄・水分補給・降園／19:30 夕食／20:00 入浴

B5（22か月）：7:30 朝食／8:45 登園／10:00 戸外あそび・水分補給／10:30 排泄／11:30 排泄・食事／14:00 排泄／15:00 食事／18:00 降園／19:00 夕食／19:30 入浴

C1（25か月）：7:00 朝食／8:00 登園／9:30 排泄／10:00 戸外あそび・水分補給／11:30 排泄・食事／14:30 排泄・食事／16:30 排泄・水分補給／18:00 降園／19:00 夕食／20:00 入浴

C2（18か月）：6:45 朝食／8:30 登園／10:00 戸外あそび・水分補給／10:45 排泄／11:45 排泄・食事／14:00 排泄／15:00 食事・排泄／16:30 排泄・水分補給／17:00 降園／18:00 夕食／20:00 入浴

C3（17か月）：7:15 朝食／9:00 登園／10:00 戸外あそび・水分補給／10:30 排泄／11:30 排泄・食事／14:00 食事／14:30 排泄／15:30 排泄／16:30 排泄・水分補給／17:00 降園／19:00 入浴

C4（16か月）：8:15 朝食／8:00 登園／10:00 戸外あそび・水分補給／11:00 排泄・食事／14:00 排泄・食事／16:30 排泄・水分補給／18:00 降園／19:00 夕食／20:00 入浴

C5（20か月）：7:30 朝食／8:00 登園／9:00 排泄／10:00 戸外あそび・水分補給／11:00 排泄／12:30 排泄・食事／14:00 排泄／15:00 食事／16:00 排泄／17:00 水分補給／17:30 排泄・降園／19:30 夕食／20:00 入浴

時間	A 早番 (7:00~15:45)	B 中番 (8:45~17:30)	C 遅番 (9:30~18:15)	仕事の分担
6:00				【A 早番】 ● 換気 ● 給湯器のスイッチを入れる ● 植物の水やり ● 戸外あそびの準備 ● 床拭き・棚拭き
7:00	出　勤　 分担の仕事・連絡帳 受け入れ、視診			【B 中番】 ● 給食人数出し ● 昼食用口拭きを濡らす
8:00	B4 の排泄			【C 遅番】 ● 残りのタオルを濡らす ● 保育室の掃除機がけ ● 給湯器のスイッチを切る ● 受け入れ準備 ● 戸じまり、その他確認
9:00	A5、A1、A4、A2、A3　排泄	出　勤　 分担の仕事・連絡帳 C5、B4　排泄 B1、B3　排泄 B1、B4、B2、B3、B5　戸外あそび		
10:00	A1、A4、A2、A3、A5　戸外あそび A1、A4、A2、A3、A5　水分補給	B1、B4、B2、B3、B5　水分補給 B5、B4、B2　排泄	出　勤　 分担の仕事・連絡帳 C1、C3　排泄 C1、C4、C2、C3、C5　戸外あそび C1、C4、C2、C3、C5　水分補給 C2、C4、C5　排泄	※ 延長担当の保育者や フリーの保育者を必要に応じて配置 ● 延長保育時間の対応など ● あそびなど ● エプロン・タオル・おむつなど ● 食事の準備・片づけなど ● 掃除、消毒、各種補充など
11:00	A3、A1、A2　排泄 A1、A3、A2　食事 A4、A5　排泄 A4、A5　食事	B1、B3、B2　排泄 B1、B3、B2　食事 B5、B4　排泄 B5、B4　食事	C4　食事 C1、C3　排泄 C1、C3　食事 C2　排泄、食事 C5　排泄、食事	
12:00				
13:00	休憩・記録	休憩・記録	休憩・記録	※ 担当・副担当を決める時は、 子どもの食事や排泄の順番などが 変わらないようにする
14:00	目覚めた子どもから A3、A2、A1　排泄 A4、A5　排泄	B4　排泄 B5　排泄 目覚めた子どもから B1、B2、B3　排泄	C2　排泄 C3　排泄 C5　排泄 C1、C4　排泄 C1、C3、C4　食事	
15:00	A1、A3、A2　食事 A4、A5　食事 A3　排泄 A2　排泄	B1、B2、B3　食事 B4、B5　食事 B4　排泄 B1、B2　排泄、水分補給	C5　食事 C2　食事 C2、C3　排泄 C5　排泄	
16:00	退　勤	B3　排泄、水分補給 B5　排泄、水分補給 A1、A2　排泄、水分補給 B4　排泄	A3、A4、A5　排泄、水分補給 C2、C1、C3、C4　排泄、水分補給 C5　水分補給	
17:00		A3　排泄 　退　勤	C5　排泄 B3　排泄 分担の仕事	
18:00	A4　排泄、降園 （延長保育担当）	B4　排泄、水分補給、降園 （延長保育担当）	退　勤	
19:00				
20:00				
21:00				
22:00				
23:00				

2歳児クラスの子どもと担当保育者の1日の流れの例

時間	A1 39か月	A2 38か月	A3 37か月	A4 37か月	A5 34か月	A6 34か月	B1 33か月	B2 32か月	B3 32か月	B4 30か月	B5 29か月	B6 28か月	C1 35か月	C2 33か月	C3 33か月	C4 32か月	C5 28か月	C6 28か月
6:00																朝食		
7:00	朝食	朝食		朝食	朝食	朝食	朝食	朝食	朝食	朝食			朝食	朝食・登園	朝食・登園	登園		朝食
8:00		登園	朝食				登園	登園・排泄	登園・排泄	登園・排泄	朝食	朝食	登園			排泄・登園	朝食・登園	登園
9:00	登園		登園	登園	登園	登園	排泄				登園	登園・排泄	排泄	排泄	排泄		排泄	排泄
10:00	排泄	排泄	排泄	排泄	排泄	排泄	戸外あそび	戸外あそび	戸外あそび	戸外あそび	戸外あそび	戸外あそび	戸外あそび	戸外あそび	戸外あそび			
11:00	水分補給						排泄・食事	排泄・食事	食事	食事	食事	食事						食事
12:00	排泄・食事	排泄・食事	排泄・食事	排泄・食事	排泄・食事	排泄・食事						排泄	食事・排泄	食事・排泄	食事・排泄			
13:00																		
14:00	排泄	排泄	排泄	排泄	排泄	排泄	排泄	排泄	排泄	排泄	排泄		排泄			排泄		排泄
15:00	おやつ	おやつ	おやつ	おやつ	おやつ	おやつ	おやつ	おやつ	おやつ	おやつ	おやつ	おやつ	おやつ	おやつ	おやつ	おやつ	おやつ・排泄	おやつ・排泄
16:00	水分補給	排泄・降園		排泄			排泄	排泄		排泄	排泄	排泄	排泄			排泄	水分補給・降園	排泄
17:00	排泄・降園		排泄	降園・排泄	排泄・降園		水分補給・排泄	水分補給	排泄・降園	排泄	降園	降園	水分補給・降園		排泄・降園	排泄		
18:00			降園		食事				降園	食事				降園		降園		
19:00	食事	食事	食事	食事・入浴	入浴		降園・食事	降園・食事	食事	入浴	食事	食事	食事	食事	食事	食事	食事	食事・入浴
20:00	入浴	入浴	食事・入浴	入浴	入浴		入浴	入浴	入浴	入浴	入浴	入浴	入浴	入浴	入浴	入浴	入浴	
21:00																		
22:00																		
23:00																		

時間	A 早番 (7:00~15:45)	B 中番 (8:45~17:30)	C 遅番 (9:30~18:15)	仕事の分担
6:00				【A 早番】 ● 換気 ● 掃除機がけ ● 植物の世話 ● 棚拭き ● おやつの食器返し
7:00	**出 勤** 分担の仕事・受け入れ・視診 連絡帳・あそび			
8:00	C4　排泄 B3、B4、B2　排泄	**出 勤**		【B 中番】 ● おしぼり等の用意 ● 給食人数報告 ◆ トイレ掃除（月・水・金） ● 玩具消毒 ● コップ返し
9:00	C5、C6、C2、C3、C1　排泄	分担の仕事・連絡帳 B1、B6、B5　排泄		
10:00	A2、A6、A4、A5、A1、A3　排泄 A　戸外あそび A　水分補給	B　戸外あそび B　水分補給 B3、B4　排泄	**出 勤** C　戸外あそび C　水分補給	【C 遅番】 ● おしぼり等の用意 ● おやつ時のおしぼり用意 ● 洗濯物を運ぶ ● 雑巾を干す ● 戸じまり・安全点検 ● ごみ捨て
11:00		B2、B1、B6　排泄 B1、B2、B3、B4、B5、B6　食事 B5　排泄	C4　排泄 C5、C6　排泄 C4、C5、C6　食事	※延長担当の保育者や 　フリーの保育者を必要に応じて配置 ● 延長保育時間の対応など ● あそびなど
12:00				● エプロン・タオル・おむつなど ● 食事の準備・片づけなど ● 掃除、消毒、各種補充など
13:00	A2、A6、A4、A5、A1、A3　排泄 A1、A2、A3、A4、A5、A6　食事 休憩・記録・分担の仕事	休憩・記録・分担の仕事 目覚めた子どもから	C1、C2、C3　食事 C1、C2、C3　排泄 休憩・記録・分担の仕事	※担当・副担当を決める時は、 　子どもの食事や排泄の順番などが 　変わらないようにする
14:00	目覚めた子どもから A1、A6、A2、A3、A4、A5　排泄	B2、B1　排泄 B5、B6　排泄 B3、B4　排泄 B1、B2、B3、B4、B5、B6　おやつ	目覚めた子どもから C4、C5、C6　排泄 C1、C2、C3　排泄 C4、C5、C6　おやつ	
15:00	A1、A2、A3、A4、A5、A6　おやつ 分担の仕事・記録	A2　排泄 B2、B5　排泄	C1、C2、C3　おやつ C5、C6　排泄	
16:00	**退 勤**	A5　の排泄 B3、B4、B6　排泄 B　水分補給 A1、A4、A6の排泄	C5、C6　水分補給 C4　排泄 C1、C2、C3　排泄 A　水分補給	
17:00		B4の排泄 分担の仕事・記録	C1～4　水分補給 A3　排泄 C4　排泄 B5、B1、B2、B3　排泄	
18:00		**退 勤**	分担の仕事 **退 勤**	
19:00	A3　降園（延長保育担当）	B1、B2　降園（延長保育担当）		
20:00				
21:00				
22:00				
23:00				

あそびと環境づくり
子どもの発達にあった空間・道具

乳児期のあそびの大切さ

　子どもの自然な動きを見ていると、生活以外はすべてがあそびです。寝る、食べる、おむつ交換などしている以外の時間は、自分のまわりの環境に働きかけてあそんでいます。あそびのなかで、いろいろな動きをすることが身体の機能を使い、中枢神経の発達が促されます。また、いろいろなものにふれたり、聴いたり、見たりして五感を使う体験をしていきます。

　子どもにとっては、あそぶことそのものが喜びです。そして、これらすべてが、練習であり学習であり、体で覚えて自分のものにしていくプロセスです。自分でできることが増えるにつれて、違うあそびを見出し、夢中になります。成長にあわせて、さまざまなあそびの姿が見られるようになっていきます。

　道具をなめる、振る、転がす、入れるといった子どものあそびは、素材や道具とただ戯れているだけのようですが、その後、学校にいってから見られるさまざまな活動につながるものであり、自立した大人として社会に出てから就く仕事での業務や活動を通して社会に働きかけることにつながります。もちろん、子ども自身はそのようなイメージを持ってあそんでいるわけではありません。また、そんな目標に向かうために練習や訓練をしているわけではありません。しかし、子どものためのあそびの環境をつくる時には、一つひとつのあそびの何が喜びとなっているのかや、一つひとつの行為がどのようなことにつながっているのかを考える視点を、おとなが持っておきたいものです。

　特に乳児期は、赤ちゃんから人間になっていく過程で、いろいろな機能、感覚が発達していく段階です。その後の人生に大きな影響を与えるわけですから、おとなには

どのような環境を用意するかについて責任があります。物的環境はもちろんですが、たとえば子どもがその時々に耳にする音などについても、子どもにとって心地よくて、子どもに適切な刺激の音であるかどうかなど、気を配るべきです。子どもにとって世界で一番美しい音はお母さんの子守唄であるといわれていますが、そのことを考えれば、これからさまざまな音を聴きわけて、豊かな感情を育んでいこうとする子どもにとって、メディア機器を通した刺激音を乳児の頃から浴びせるのは、不自然であり不適切であることがわかります。

　子どもの発達段階にあった適切なあそび環境とは何かを、おとなには常に考えてほしいです。

子どもが自らあそぶ環境をつくる

　子どもというのは、自らの力でまわりの環境に働きかけながらあそび、さまざまなことを学んでいきます。それぞれの子どもが、その時々の発達課題にあうあそびを求めているのです。おとなに"あそんでもらう"存在ではなく、"あそんであげないと何もできない"存在ではありません。おとなは、子ども自身があそぶということを念頭において、空間や道具を整えてほしいものです。

　たとえば０歳の子どもは、仰向けから首と肩をあげて視界をひろげて外界を見始めます。この場合、子ども自身が外を見ようとしているのであり、おとなが見せてあげようとしているわけではありません。子どもが世界を見ようとする、そして子ども自身が自分以外の世界にあるものにふれようとしています。

　まずは、身体を自由に動かせる環境におくことが大切になります。寝返り、グライダーポーズ、ピボットターン、ずり這い、這い這い、おすわり、つかまり立ち、つたい歩き、自立歩行などが、十分にできる環境をつくります。そして、これらの発達段階が飛ばされることなく、子どもなりのペースですすんでいけるようにすることが求められます。

　一人ひとりの発達の欲求に応える素材や道具が用意されれば、子どもは、それらをいじったり、口でなめたり、さわったりして感触の神経を発達させていきます。道具だけでなく手足であそぶこともあります。子どもの最初のあそびはすべてがいじりあそびといえます。

　いじるという行為は、人間は一生を通じて行います。おとなでも、目の前にあるものが何か分からなかったり、初めて目にするものであれば、さわったり、なでたり、

そして匂いをかいだりします。子どもは、その基本ともなる行為を通して、まず、自分以外のものをさわっていくことで世界を理解していきます。

　人間は他の動物に比べ、発達が未熟なまま産まれます。ほとんどの動物は産まれてすぐに、立ちあがったり移動できたりします。人間は何もできない状態から徐々に発達を重ね、人間としての基本機能である二足歩行が可能になって、やっと自ら生活できるようになります。

　この歩けるまでの過程で、身体の各部の機能発達を積み重ねていきます。寝返りをうって、視界を変えるようになって、うつぶせで身体を起こす。そして這い這いしてすわれるようになりますが、その時に、両手が完全に自由になり、手を中心に使ってのあそびがはじまります。それまでは手を使うといっても、自分の体であそぶといった程度で、両手を使ってあそぶことはあまり多くありません。重心がしっかりした状態ですわり、空いた手で目の前にあるものをつかみ、近くに持ってきてあそぶのです。これには空間を認知して、視点を定めることも求められますので、そうした細かな動きをくりかえし練習していくことで、手先が器用になっていくのです。

子どもの世界をひろげる

　動ける、歩けるようになれば、子どもの行動範囲や世界は一気にひろがります。自らが興味のある対象まで移動できるようになりますから、探索してさまざまなものに関わり、あそぼうとします。自分以外の珍しいものを積極的に見つけてふれようとするのです。これまで知らなかったものがまわりにあふれているわけですから、それをどんどん吸収しようとしていきます。

　さまざまなものにふれる過程で、そのモノの素材、形、性質を知っていきます。ザラザラしているのか、つるつるしているのか、形は丸いのか角張っているのか。それらがわかるようになると、そのモノの用途がわかるようになります。よく転がるのか、手にしっかりとひっかかるのかなどによる扱い方の違いもわかっていきます。

　あそび道具はさまざまな種類のものを置くようにします。さまざまな形、大きさ、種類を豊富に置くようにします。同じ布でも、さまざまな材質のものを置くようにします。

　子どもはそれらに関わり、働きかけることで自分の身体の機能を発達させ、自分以外の外界にはどんなものがあるのかを知っていきます。子どもは社会を知っていこうとしているのです。

自分の身体像をつかむ、自分以外のものを知る、そしてモノとのよい関係を築いていく。これらの基礎にあたるのがこの時期であり、このことをしっかりと学んでから幼児の段階にあがれば、さまざまなあそびができるようになります。

　くりかえしますが、子どもたちは乳児から幼児になって、そしていずれは学校に行きます。その後も含めて、最終的には自分のことは自分でできるようになっていきます。その基礎ともいえる、自分の体のいろいろなところを思い通りに使いこなせるようになるための機能練習があそびにあたります。

　腕に輪を通してあそんだり、リングを足に通したり、布を頭からかぶったりといったあそびをすることは、生活行為でいえばスプーンがちゃんと自分で使える、靴が自分で履ける、靴下が履けるということにつながります。そして、成長するにつれて、人格を学び、社会性を身につけていくことになるのです。

子どもの目に見える環境をつくる

　子どもが朝、園に来てから、誰と、どこで、何を、どのように、どれだけあそぼうと自由です。さまざまな道具を使って自由にあそびます。積み木あそびの場所で積み木を電話に見立てて模倣あそびをはじめることもあります。そのままそれを持って、他のところに行ってあそぶこともあります。これらのことは子どもが決めることなので、自由であることが大切です。

　ただし、部屋の空間づくりとして、あそびの種類が同じものは、同じ場所に置くようにします。できれば積み木の構成あそびと世話あそびの場所は混ざらないほうが、子どもが環境に見通しを持てますし、あそびに集中することができます。操作あそびも混ざらないように、机などを用意してあげるほうが子どもはじっくりとあそべます。

　片づけの習慣につながるためにも、積み木はこの場所に置いておけばよいということを子どもが目で見てわかるようにします。子どもは、おとなの言うことをするのではなく、おとながしていることを真似します。あそんだ道具を元に戻すという行為も同じで、「片づけなさい」と指示されるからできるようになるのではありません。おとなが道具を元に戻す姿を見ながら、どこに何があるのか、どう戻すのかということがわかって、子どもは真似するうちに習慣になっていきます。

　あそび方が違うさまざまな道具が、それぞれ決まった場所にあることをわかっていくことで、子どものなかに秩序感が生まれていきます。子どもにある一定の秩序感が伴うように、空間をつくることが大切なのです。

このように、モノの種類や数や配置、おとなの関わり方、一日の流れや空間のつくり方など、子どもが出会う環境のすべてが「一人ひとりを大切にする保育」の具体化です。それらの具体的な環境を「足場」にすることで、子どもはかけがえのない一人の人として発達していくのだと思います。

子どもは「目に見えるもの」に対して主体的になれるので、「子どものまわりに何があるか」が問われます。この問いに真剣に向き合い、実際の子どもの姿を通して学び続けた先に、よりよい保育があるように思います。

子どもが主体的になるには、子どもの目に何が見えればよいのか、子どものまわりにどのようなモノと空間があればよいか、どのような出来事があればよいか、どのような人の振る舞いや言葉があればよいか、そしてどのように見えるようにするのか…。おとなはこのことを真剣に考え、具体的な環境にしていくのです。

発達にあった道具を豊富に

豊富な道具を整えることは子どものあそびを豊かにしてくれます。子どもは道具を通してモノの性質、扱い方、用途、応用の仕方を学びます。道具をあつかうことによってモノとモノとの関係を学びます。道具であそぶことによって、人とモノとの関係を学びます。そして、道具を通して人と人との関係も学んでいきます。そのためには、月齢、年齢、その子どもの発達にあった、発達を促すことのできる道具を整えてあげることが必要です。そして、おとなが常に考えておかなければいけないのは、その道具を使って子どもが主体となってあそぶことです。おとなは、子どもが自らあそぶということをわかっておく必要があるでしょう。

道具があれば、子どもはモノに気持ちが向かっていきます。モノへ気持ちが向かい、自分であそびを重ねていくことができるのです。何もない空間では、自らの身体やひろい空間そのものであそぶしかありません。何もないところに子どもがいるとぐるぐると走りまわるのはそのためです。また、おとなをあそぶ対象にして、あそんでもらおうと気持ちをおとなに向けてしまいます。

道具を整えることは、おとながしっかりと子どもを見てあげられるということにもつながります。育児担当制で一人ひとりを大切に育てるためにも、子どもが自分のまわりの道具を使って自らあそべる環境をつくることが前提になります。そうすることで、おとなは本当に関わってあげなければならない子どもの対応を丁寧にすることができます。

複数の子どもが集まる場所で適切に保育をするためには、子どものまわりに豊富な道具が十分な数だけ整っていることが特に大切になってきます。クラスの環境をつくる際には、クラスにいる子どもの発達課題に応えられるだけの十分な種類と数の道具を用意します。

　月齢差のある子どもたちの発達課題に応えるためには、さまざまな種類の道具が必要になります。また、子どもは他の子どもがあそぶ姿を見て、その道具に興味を持ちます。他の子どもがあそんでいる道具に手を出すことがないように、同じ道具を出して同じあそびができるようにするにも、数が必要になります。実際に、他の子どもの道具を使おうとしたり、他の子どものあそびに関わってしまうことがあります。こうした時、おとなは加害者・被害者、善・悪の価値観で解決しようとすることなく、どちらの子どもも自分が大切にされていることが実感できるように、言葉をかけて関わることが大切です。いずれはそうしたやりとりを通じて、子ども自身が葛藤を解決できるようになっていくことを考えてほしいのですが、あそびの環境づくりとしては、子どもそれぞれがあそべるだけの十分な種類と量の道具を準備します。そして子どもの動きを見守りながら、それぞれがあそびに集中できるように、子ども一人ひとりのパーソナルスペースを確保するように援助します。

　クラスの空間や棚は無限にあるわけではありません。道具の種類と数も限界がありますので、さまざまな用途に使えること、組み合わせてあそべること、いろいろなものに見立てられることなどを考慮に入れて選びます。壁面やサークルと棚の側面なども、あそびの空間をひろげてくれる面や場として活用します。

休息とお世話の空間

　クラスには子どもが休息して安らげる場所も必要です。活動的で刺激的なあそびの環境とは対照的で、クッションなどやわらかい場所を用意して、子どもがゴロンと寝転んだり、ぼんやりしたり、他の子どもがあそぶ様子をながめたりできるようにします。子どもは何もしないことも自由です。リラックスして過ごせる環境をおとなは保障します。静かに過ごせる場所ですから、絵本なども並べて、子どもが手にしたり、おとなに読んでもらったりできるようにします。

　この場所には、やわらかい布やぬいぐるみや人形なども用意します。子どもは、ぬいぐるみや人形のように顔があるものに注目し、やわらかい肌ざわりや手ざわりを求めて寄っていきます。最初は、つかんだり、持ったりしていた対象も、抱きしめたり、

抱っこしたりして持ち歩くようになります。

　子どもにとって人形は自分を投影する存在です。自分を大事にするかのように人形を大事にします。そして、おとなから自分が世話をされたことを人形に再現します。布をかけてねんねさせたり、お風呂にいれたりします。記憶力、保存能力が発達してくると、おとながこうしていたな、自分はこうされていたなということを思い出して真似するようになります。人形の扱いも上手になり、おむつ交換などもするようになります。自分がされて心地よいと思ったことを自分そのものである人形に再現して、心地よさを再び体験するのでしょう。

　おとなは、人形に名前をつけてクラスにいる大切な存在としてあつかいます。名前をつけることで、人格が人形にも宿ります。

　休息する場所、ぬいぐるみや人形などと関わる場所は、やがてお世話をするあそびの場所になっていきます。模倣あそびのはじまりです。クラスがあがっていけば、その空間にはドレッサーがおかれ、近くにキッチンなどが置かれます。身近に体験したことを模倣して、役になって再現してあそぶようになっていきます。

おとなは見守り、共感する

　子どものあそびにとっては、発達にあった豊かな物的環境に加えて、人的環境としてのおとなの存在は欠かすことはできません。おとなには、子どものあそびを見守り、共感を示す大切な役割があります。

　子どもが何かをするとき、何かができるとき、子どもはその喜びを信頼する近くのおとなに伝えようとします。自分が見つけたことを、まるでそのことをおとなは知らないとばかりに伝えて教えてあげようとして、ふりむいておとなの目を見て訴えます。その時おとなは子どもの気持ちを受けとめて、共に喜びます。

　おとなはつい、何かができる、上手にできる、誰かよりできることに注目してしまいますが、子どもは自分の喜びをいっしょに喜んでくれる存在を求めています。おとなは、子どもの「できる・できない」を評価するのではなく、「うれしい」という喜びによりそって共感を示します。子どもにとっては、大人が見てくれていることを実感できていることが大事なのです。

　クラスで見られる数多くのあそびの姿は、それぞれの子どもにとっては、人生で二度と戻ってこない唯一の瞬間です。おとなは一人ひとりの喜びのプロセスにつきそうのです。子どもは自分の心に共感してくれるおとなの存在に安心して、失敗を恐れる

ことなく、次のあそびに向かっていくのです。

　一方で、おとなは子どもに道具を与えてただ見ていればよいわけではありません。おとなが見守り、気持ちに共感を示しながら、時にはその道具を使ってあそぶモデルを示します。同じ道具でもまったく違うあそびがあります。道具は、常にこうやってあそぶという方法が決まっているわけではありません。さまざまな働きかけができますし、違う道具と組み合わせてあそぶことができます。子どもは柔軟にそれらを吸収してまた違う段階へと発展していきます。

　子どもが自由にあそぶことが基本ですが、時にはおとながこうしてあそぶことができるよと、モデルをそっと示します。モデルを示すためにおとながいっしょにあそんで、そっと抜けた後にそのまま子どもがあそび続けるか、すぐにやめてしまうかで、それは子どもがやりたかったあそびかどうかわかります。

　おとな自身、そうやって試行錯誤をくりかえしながら、子どもが本当に興味をもって、意欲的にあそびたいものは何か、そのあそびが子どもの発達課題にあっているかどうかを探っていきます。数多くある道具の可能性を探り、新しい道具はないか、身近にある素材があそびに活用できるかどうかを探っていきます。

乳幼児の発達とあそび

育つもの	0歳	1歳
粗大あそび *平衡感覚機能 *歩行 *ものを動かす *身体像の発達 *空間認知 *目と手足の協応	*手足を動かす *寝返る *這う *移動する *つかまり立ち	*乗り越える、手足をかける *立ちあがる *つたい歩き、歩く *入る、出る、昇る、降りる
探索あそび *手指の機能発達、目と手の協応 *ものの性質や機能の理解 *触覚的知覚の発達 *外界への適応能力を高める *環境を知る力を発達させる *両手が使え、両手の協応を促す *身体像の発達を助ける	*手をなめる、眺める、手の中のものをにぎる、手足であそぶ、声であそぶ *なめる、かむ、しゃぶる *さわる、つかむ、ひっぱる、もつ、はなす *動くものへの追視や集中	*なめる、いじる *たおす、転がす、ひっくり返す、落とす、打ち合わせる、ぶつける *つまむ、へこませる、逆さにする、かしげる *にぎりかえす、手首をひねる、手足を通す（布）
操作あそび *目と手の協応、五指の発達 *両手の協応を促し、手先の器用さを高める *ものの形を知る、同一視できる *簡単な思考操作ができる *高さ・大きさ、数量の比較、部分と全体の区別 *忍耐力・持続力・集中力を育てる *自分だけの経過・段取りをもつ		*入れる、出す *並べる、重ねる *形と色を合わせる *シールをはる、マジックテープをはがす
構成・構造あそび *創造性を育てる *記憶力・想像力 *高さ・大きさ、数量の比較、部分と全体の区別 *色と形を見立てる *問題解決・工夫 *空間の認知 *自分だけの計画をもつ		*並べる *重ねる
役割あそび *感情のコントロール *言語的・非言語的コミュニケーション *ものの性質がわかり、用途にそって扱える *問題解決の思考 *社会的な学習 *人との話し方・声の出し方・表現力の基礎 *仲間に適応することができる		*人形を抱く、寝かせる、食べさせる、出かける *お出かけする、道具を身につける *見立てあそびの始まり
ルールのあるあそび *論理的な思考 *言葉、ルールを知る *意志力・自己規律・仲間関係の強化 *連帯、社会化		

2歳	3歳	4歳	5歳
＊歩く、走る ＊押して歩く、引いて歩く ＊転がす、追う ＊投げる、蹴る	＊身体と動きを調和させた動き ＊空間を認知した動き	＊おおまかな運動の基礎ができる	＊効率的な体の動きをする
＊拾う、集める ＊布をひろげる、かける、ふる、たらす、包む、クシャクシャにする ＊布を体にまとう、着せる ＊同じものと違うものを区別する	＊身近な動植物に触れる、興味をもつ ＊食べ物への興味関心 ＊身体への興味関心 ＊比較・観察する	＊ものの名前や特徴を知る ＊新しいことを知る ＊社会の機能を知る	＊地域・社会の施設を知る ＊天候、季節を知る ＊お金のやりとりへの興味関心 ＊生活、文化への興味関心
＊開ける、はめる、入れ替える ＊容器にものを入れたり出したり ＊型おとし、並べる、積む、箱につめる、重ねる、ひろげる ＊同種のものを集める、揃える ＊穴に通す、ひもを通す、飾る ＊ボタンをはめる・はずす ＊つける、ねじる	＊素材・道具・ものを細かくコントロールする ＊高く積む、長く並べる ＊色と形を混ぜる、整える ＊具体的に描写する ＊折る、切る、貼る	＊素材・道具・ものを規則的に積んだり、並べたりする。	＊模様を思いうかべてつくる
＊並べる ＊積む ＊色と形を合わせる	＊模倣して積み上げる、並べる ＊長く並べて、道路、線路と言う ＊並べて車や汽車を走らせる ＊積んだものに名前をつける	＊目的に合わせて道具を使う ＊道路・線路をイメージしてつくる ＊駅や人、建物をつくる ＊高くなるように積む ＊詳細に描写する	＊町をつくる、牧場をつくるなど、体験したことをイメージしてつくる ＊絵本などの共通の体験から、協同してつくる ＊作業の役割分担をしてつくる
＊飲ませる、寝かせる、入浴させる ＊看病する、洗濯する ＊料理のまねごと ＊お母さんのまね ＊簡単な役の模倣（お店、運転手、医者など）	＊役になってあそぶ（お母さんになって子どもに食事をさせる） ＊他の役を模倣する ＊他の子どもと関わる ＊役あそびの中のルールが守れる	＊お店やレストランなどで体験をしたことを再現する ＊役割を認識して複数の子どもであそぶ	＊社会のさまざまな役割を、複数の子どもで演じ分けてあそぶ ＊別々に進行する役割あそびがつながる
＊簡単なゲームのルールを知ってあそぶ	＊生活とあそびの中でルールがみられる	＊トランプやかるたを小グループであそぶ ＊役割あそびをルールを守って楽しくあそべる	＊自分たちでルールをつくってあそぶ

0歳児クラスの環境づくり

発達課題に応える環境

　0歳児クラスでは、寝返りを打てない段階から這い這いや歩き始めの子どもまで、さまざまな発達段階の子どもがいます。体を大きく動かそうとする時期であり、床を這って自由に移動できるひろいスペースが必要です。

　この時期は、身体の発達段階そのものがあそびの形として現れる時期です。その時の発達段階の求めに応えるために、さまざまな要素を用意します。這って潜りたくなるトンネル、乗り越えたい段差などを配置します。跨いだり、越えたり、沿ってすすんだりして、全身を使った動きを経験します。ボールがあれば、手をのばして這って

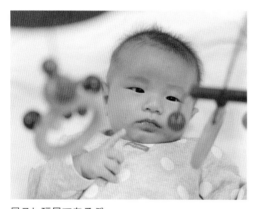

吊るし玩具であそぶ

いじる、なめる

這い這いでトンネルをくぐる

道具に近づき手をのばす

取ろうとします。いじったり、引っ張ったりして、反応を確かめようとします。ふれて音がする刺激があればくりかえしさわろうとします。

サークルと壁面の役割

　０歳児クラスでは、寝転んで上を向いてあそぶ子どもの近くに、這いまわる子どもや歩き始めの子どもがいます。さまざまな発達段階の子どもが安心して過ごすためにサークルが必要です。たとえば、寝返り前の小さな子どもがサークルのなかで過ごして、活動的な子どもが外で過ごします。逆に、成長がすすんだ子どもが手先の細かなあそびに集中できるように、サークルのなかであそんでもらうことで、動きのある子どもたちと重ならずにすみます。サークルは周囲をぐるっと囲む形状なので、つかまり立ちや歩き始めの子どもにとっては練習にもなります。また、部屋の中央に配置されることで、自然にスペースが分かれます。

サークル壁面の道具であそぶ

サークルのなかで過ごす

段差を乗り越えてボールに向かう

箱を押しながら歩く

部屋の壁、棚の側面、サークル壁などに、子どもの発達段階にあわせたさまざまな道具を取りつけることができます。子どもたちがそれらから選んで近づき、体をのばしてさわろうとします。上体を起こし手や肘をあげる動作は、日常生活のさまざまな行為につながります。カチャカチャいじる段階から始まり、手先が器用になると意図的に操作して反応を楽しみます。くりかえして何が起きるのかを確かめようとします。

種類と量を用意する

　すわってあそべるようになると、棚から素材や道具を取ってあそぶようになります。おとなは「これに入れてみようか」などと手渡し、まわりの子どもと重ならないように配慮します。素材と道具は、柔らかいもの、軽いもの、つかみやすいものなど、材質や形状や大きさや色などさまざまに準備します。入れたり出したりするあそびでは、お手玉やチェーンなども、発達段階とあそびの難易度によって、大きさや形状、穴の形、

上体を起こして壁面であそぶ

キーハウスを探索する

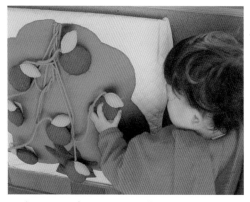

マジックテープでつけたりはずしたり

クッションとぬいぐるみなど

つかみやすさなどさまざまです。あそびを通して、いずれは色の認識が整理されていきます。さまざまな発達段階に応えられる素材や道具を用意することが大切です。

　一人ひとりがあそびに集中できるように、種類と数を十分に用意することも重要です。他の子どものあそぶ姿に興味を持ちますので、同じあそびができるようにします。

休息する空間を用意する

　クッションや人形、布など、柔らかなものがある場所を作ります。活動的で刺激的なあそびから離れて、休息する空間になります。人形などを置き、その後の世話あそびの要素があるようにします。

　1歳児クラス以降も使えるものを用意します。お手玉や容器など基本的なものでも、他の細かな道具を組みあわせて新しいあそびに展開できることを意識します。発達と環境にあわせてあそびはひろがり深まっていくことを前提にすることが大切です。

布をさわる、いじる

入れたり出したり

のぞいてお手玉人形を出す、入れる

人形の世話をする

0歳児クラスの空間見取り図

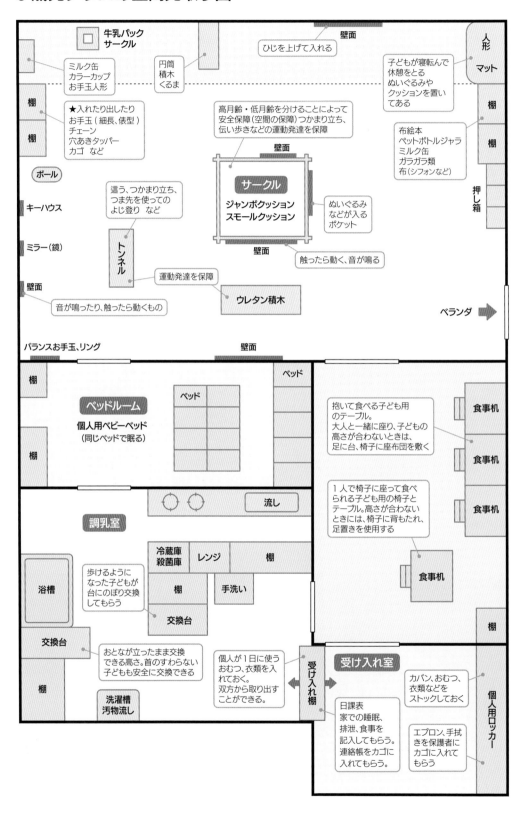

牛乳パックサークル

ミルク缶
カラーカップ
お手玉人形

円筒
積木
くるま

ひじを上げて入れる

壁面

子どもが寝転んで休憩をとるぬいぐるみやクッションを置いてある

人形

マット

棚

★入れたり出したり
お手玉(細長、俵型)
チェーン
穴あきタッパー
カゴ など

高月齢・低月齢を分けることによって安全保障(空間の保障)つかまり立ち、伝い歩きなどの運動発達を保障

布絵本
ペットボトルジャラ
ミルク缶
ガラガラ類
布(シフォンなど)

棚

棚

壁面

押し箱

ボール

這う、つかまり立ち、つま先を使ってのよじ登り など

サークル

ジャンボクッション
スモールクッション

ぬいぐるみなどが入るポケット

キーハウス

ミラー(鏡)

トンネル

壁面

運動発達を保障

触ったら動く、音が鳴る

壁面

音が鳴ったり、触ったら動くもの

ウレタン積木

ベランダ

バランスお手玉、リング

壁面

棚

ベッド

ベッドルーム

個人用ベビーベッド
(同じベッドで眠る)

ベッド

棚

抱いて食べる子ども用のテーブル。
大人と一緒に座り、子どもの高さが合わないときは、足に台、椅子に座布団を敷く

食事机

食事机

食事机

1人で椅子に座って食べられる子ども用の椅子とテーブル。高さが合わないときには、椅子に背もたれ、足置きを使用する

流し

調乳室

冷蔵庫
殺菌庫

レンジ

棚

食事机

浴槽

歩けるようになった子どもが台にのぼり交換してもらう

棚

手洗い

棚

交換台

交換台

おとなが立ったまま交換できる高さ。首のすわらない子どもも安全に交換できる

個人が1日に使うおむつ、衣類を入れておく。双方から取り出すことができる。

受け入れ棚

受け入れ室

カバン、おむつ、衣類などをストックしておく

個人用ロッカー

棚

洗濯槽
汚物流し

日課表
家での睡眠、排泄、食事を記入してもらう。連絡帳をカゴに入れてもらう。

エプロン、手拭きを保護者にカゴに入れてもらう

あそびの空間

ベッドルーム

食事机

おむつ交換台と浴槽

受け入れの空間

1 歳児クラスの環境づくり

粗大なあそびから微細なあそびまで

　1 歳児クラスでは、よちよち歩きから活発に動ける発達段階までの子どもがいます。歩ける子どものなかにも、移動する時には這い這いのほうが速いという子どももいます。引き続き、ひろい空間で大きく体を動かせる環境を整えます。段差を越えたり、ある程度の高さにあがったりすることができるので、おとなの人数や子どもの発達段階にあわせて、さまざまなあそぶ場所をつくります。

　一方で、姿勢を保ちながらすわり、手先を使って細かく操作するあそびができるようになってきます。入れたり出したり、並べたり積みあげたり、つなげたり通したり

ウレタン積木などの上を歩く

カラームカデを引いて歩く

ビリボでまわってあそぶ

お手玉をザルから容器に入れる

など、目と手を連携させながらあそぶ姿が見られます。おとなは、それに応えるような道具や素材を棚に豊富に用意するために、０歳児クラスで経験してきた基本的な道具に加えて、より細かくて小さいものを数と種類用意します。いろいろな容器に入れたり出したり、形をあわせたり並べたり、クリップを使ったり、紐を通したり、カップや積み木を重ねたり積みあげたりします。正確にできる段階ではありませんが、子どもたちは行為に集中して手首や指を巧みに使ってあそびます。徐々に、色をわけたりそろえたりするようにもなります。

机の高さであそぶ

　机の高さで積み木やパズルなどに集中する姿が見られます。この段階では、立って机の高さであそぶので、イスはなくても構いません。あそびたい時に机に移動して上であそび始められることが大事で、必要であれば背もたれのないブロックのようなイ

アイクリップをつける

カップを重ねる

はめ絵であそぶ

スナップ、ボタンをつなげる

スを保育者が準備するとよいでしょう。

　友だちがしていることをまねて一緒にあそんだり、一列に並んであそんだりしますが、まだ一人であそぶ段階ですので、素材や道具の数と量を用意し、あそぶ場所が重ならないようにおとなは気をつけます。

世話する、見立てる、演じる

　休息のスペースでは、やわらかなマットやクッションを敷き、天がいなどを設置して天井を低くし、リラックスできる環境をつくります。子どもたちは時々そこでゴロンと寝そべったりぼんやりして過ごします。また、言葉の理解がすすむにつれて、そこにある人形やぬいぐるみなどと、世話をするイメージであそぶ姿が見られます。ぬいぐるみや人形には、クラス全体で名前をつけて呼ぶことを習慣にします。子どもは自然と愛着をもって関わり、自分が世話されたことを人形で再現したります。抱っこ

人形を寝かしつける

人形に食事を与える

形をつくって楽しむ

お手玉をトレイに色別に並べる

したり、布をかけて寝かせようとしたりします。

　行為にイメージを持つことができるようになると、見立てたり演じたりする姿が見られます。バケツにいろいろなものを入れたり、頭に何かをかぶって帽子にしたり、手足にリングをつけて靴にしたり、体にいろいろなものをつけて装い、歩きまわる時、子どもたちは「お出かけ」のイメージを持っています。保育者は、そうした模倣を大切にし、促すためにもイメージを言葉に置き換えます。たとえば、バケツにいろいろなものを入れたら、「どこかにお出かけするの？」と尋ねれば靴を履いて帽子をかぶって「いってきます」と言います。積み木や板をきれいに並べたら「道ができたね」と伝えることで、そこに車を置いたり人形を並べたりするあそびになっていきます。保育者が言葉を添えることで、細かな操作に意味が伴い、形や並びに喜びを感じ、くりかえして楽しむことにつながります。保育者は、素材や道具を用意するだけでなく、言葉やイメージを加えることが大切です。

帽子をかぶって靴を履く

お出かけをする

箱積み木を並べて電車に見立てる

太鼓をたたく

1歳児クラスの空間見取り図

1｜世話・休息　2｜構造　3｜操作　4｜粗大

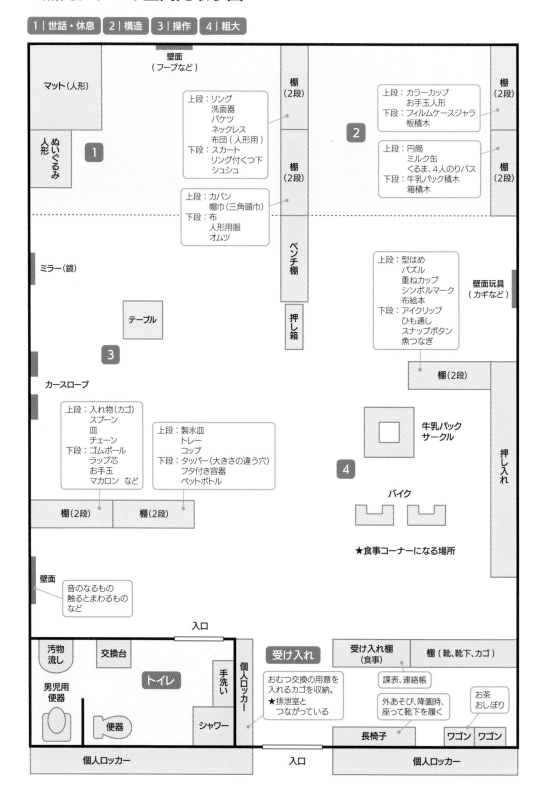

壁面
（フープなど）

マット（人形）

ぬいぐるみ

人形

ミラー（鏡）

テーブル

カースロープ

1

棚
（2段）

棚
（2段）

ベンチ棚

押し箱

上段：リング
　　　洗面器
　　　バケツ
　　　ネックレス
　　　布団（人形用）
下段：スカート
　　　リング付くつ下
　　　シュシュ

上段：カバン
　　　帽巾(三角頭巾)
下段：布
　　　人形用服
　　　オムツ

上段：入れ物(カゴ)
　　　スプーン
　　　皿
　　　チェーン
下段：ゴムボール
　　　ラップ芯
　　　お手玉
　　　マカロン　など

上段：製氷皿
　　　トレー
　　　コップ
下段：タッパー（大きさの違う穴）
　　　フタ付き容器
　　　ペットボトル

棚（2段）

棚（2段）

3

壁面

音のなるもの
触るとまわるもの
など

2

上段：カラーカップ
　　　お手玉人形
下段：フィルムケースジャラ
　　　板積木

上段：円筒
　　　ミルク缶
　　　くるま、4人のりバス
下段：牛乳パック積木
　　　箱積木

棚
（2段）

棚
（2段）

上段：型はめ
　　　パズル
　　　重ねカップ
　　　シンボルマーク
　　　布絵本
下段：アイクリップ
　　　ひも通し
　　　スナップボタン
　　　魚つなぎ

壁面玩具
（カギなど）

棚（2段）

牛乳パック
サークル

4

バイク

★食事コーナーになる場所

押し入れ

入口

汚物
流し

交換台

男児用
便器

トイレ

便器

手洗い

シャワー

個人ロッカー

受け入れ

おむつ交換の用意を
入れるカゴを収納。
★排泄室と
　つながっている

受け入れ棚
（食事）

棚（靴、靴下、カゴ）

課表、連絡帳

外あそび、降園時、
座って靴下を履く

長椅子

お茶
おしぼり

ワゴン　ワゴン

個人ロッカー

入口

個人ロッカー

あそびの空間

机上であそべる空間

世話あそびのための道具がある棚

おむつ交換台

手洗い場

2歳児クラスの環境づくり

見立てて、演じて、再現する

　室内などの狭い空間でも自分の動きを制御できるようになります。戸外やひろい場所では思い切り走ったり身体を動かしたりすることを楽しみ、室内では、手先を器用に使って細かな操作をしたり、何かを作ったりする姿がみられます。イスにすわって机に向かい、集中して何かに取り組むことができるようになります。細かな素材や道具を加え、パズルや積み木などの高度な道具を置くようにします。

　この頃には、何かに見立てたり、何かを演じたり、イメージを再現したりして、具体的に操作するあそびに変わっていきますので、それに応える素材、具材、道具を増

机上でつくって見立てる

並べて道路に見立てる

ネフスピールを積む

チェーンリングと棒とマカロンで形をつくる

やして、あそびがひろがる環境を整えます。

　部屋全体でも、何かを再現したり演じたりすることができるようにします。1歳児クラスの頃は、世話をするスペースがあり、クッションや人形が置かれていましたが、2歳児クラスでは、ソファや絵本があるスペースに、ドレッサーやさまざまな服があるクローゼットなどが加わります。化粧をしたりシンボリックな服を着ることで、演じるあそびがよりリアルになっていきます。

あそびをひろげるキッチン

　キッチンがあると、料理する、食べものを出すというイメージが加わり、お家ごっこやお店屋さんごっこなど、初歩的な役あそびを楽しむことができるようになります。そして、その役あそびをするために、さまざまな具材を用いて、何かをつくるというあそびが生まれます。料理をする仕草でも、包丁を再現したり、盛りつけを丁寧にし

人形の世話をする

人形をドレッサーにすわらせて

ケーキをつくる

人形に食べさせる

たりと、普段から紐通しなど細かな操作ができるようになった力を存分に発揮します。

　幼児のようにお店やお金、客や給仕といった社会を再現したり、複数の子どもが協力するあそびが展開されるわけではありません。一人ひとりが役を演じながら並行的にあそぶことが多く、お店屋さんというイメージを共有しながらも、コックさんが別々に2人いたり、ウェイトレスさんがバラバラに動いていたりします。

イメージと言葉が世界をひろげる

　普段の生活で見る人や職業を、模倣して演じようとします。そのイメージを持ちやすく、維持しやすいように、シンボリックなものを準備するようにします。また、そうした体験の詳細を思い出せるような会話や質問をするようにします。

　病院であればお医者さんの白衣や聴診器、十字マークなど象徴的な要素を準備しておきます。具体的な役をイメージできる言葉や仕草、素振りや行為などもおとなが示

まな板と包丁で料理する

ケーキをデコレーションする

おにぎりをつくる

お店屋さんごっこ

します。そして他の子どもを見て、模倣しながら自分のイメージを定着させていきます。たとえば、ケーキ屋さんのあそびになっているとき、「このイチゴ、ヘタを取って洗ってくれる？」と伝えることで、ただ並べるだけではなくなります。食べる食材を美しく盛りつけるという具体的なイメージを持って再現するようになります。リアルにイメージするからこそ、細かく器用な動きができるようになります。

　子ども同士でイメージを共有しあうまでは難しくとも、それぞれがストーリーやイメージの文脈を理解していれば、料理を作って食卓に出す、食事が終わったら片づける、食器を洗ってまたつくるという前後の流れのあるあそびになっていきます。

　部屋全体で、あそびの種類と機能によって空間が自然とわけられます。明確な壁があるわけではありませんが、そこにあるものの機能と属性が違うことを、子どもたちはこれまでの経験から自然と学んでいます。

病気の人形をお医者さんに診てもらう

病院のあるまちづくり

ビルをつくって見立てて楽しむ

おとなを模倣して絵本を読み聞かせる

2歳児クラスの空間見取り図

1 | 世話・模倣   2 | 構造   3 | 役割   4 | 机上

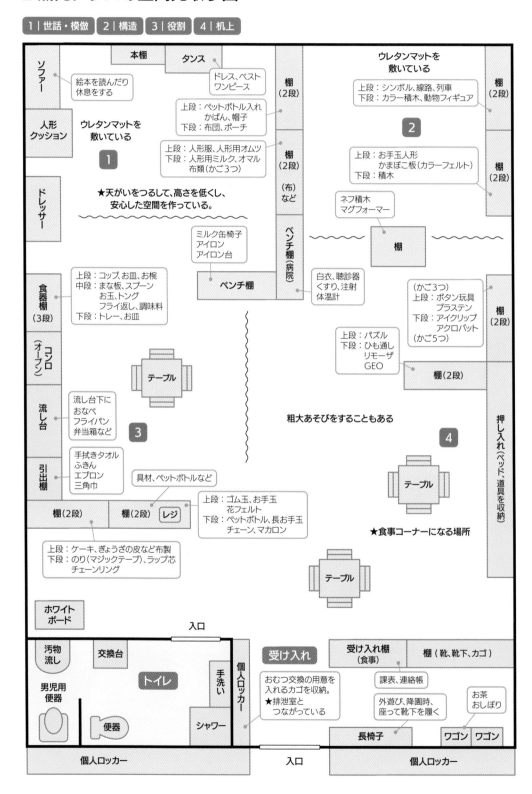

ソファー

本棚　　タンス

絵本を読んだり
休息をする

ドレス、ベスト
ワンピース

棚
(2段)

人形
クッション

ウレタンマットを
敷いている

上段：ペットボトル入れ
かばん、帽子
下段：布団、ポーチ

棚
(2段)

上段：人形服、人形用オムツ
下段：人形用ミルク、オマル
布類（かご3つ）

1

(布)
など

ドレッサー

★天がいをつるして、高さを低くし、
安心した空間を作っている。

ミルク缶椅子
アイロン
アイロン台

ベンチ棚(病院)

食器棚
(3段)

上段：コップ、お皿、お椀
中段：まな板、スプーン
　　　お玉、トング
　　　フライ返し、調味料
下段：トレー、お皿

ベンチ棚

白衣、聴診器
くすり、注射
体温計

ウレタンマットを
敷いている

上段：シンボル、線路、列車
下段：カラー積木、動物フィギュア

棚
(2段)

2

上段：お手玉人形
かまぼこ板（カラーフェルト）
下段：積木

棚
(2段)

ネフ積木
マグフォーマー

棚

コンロ
(オーブン)

流し台

流し台下に
おなべ
フライパン
弁当箱など

テーブル

3

上段：パズル
下段：ひも通し
リモーザ
GEO

（かご3つ）
上段：ボタン玩具
プラステン
下段：アイクリップ
アクロバット
（かご5つ）

棚
(2段)

棚(2段)

引出棚

手拭きタオル
ふきん
エプロン
三角巾

具材、ペットボトルなど

上段：ゴム玉、お手玉
花フェルト
下段：ペットボトル、長お手玉
チェーン、マカロン

粗大あそびをすることもある

4

テーブル

★食事コーナーになる場所

押し入れ（ベッド、道具を収納）

棚(2段)　棚(2段)　レジ

上段：ケーキ、ぎょうざの皮など布製
下段：のり（マジックテープ）、ラップ芯
チェーンリング

テーブル

ホワイト
ボード

入口

汚物
流し

交換台

トイレ

手洗い

個人ロッカー

受け入れ

おむつ交換の用意を
入れるカゴを収納。
★排泄室と
つながっている

受け入れ棚
(食事)

棚（靴、靴下、カゴ）

課表、連絡帳

男児用
便器

便器

シャワー

外遊び、降園時、
座って靴下を履く

お茶
おしぼり

長椅子

ワゴン　ワゴン

個人ロッカー

入口

個人ロッカー

あそびの空間

世話あそび、絵本の空間

衣装ケース

男子用便器

構成・構造あそびの空間

乳児のあそび道具　0歳児クラスの主な例

　子どもは、まわりの環境に関わりながら、その時々の発達課題にあわせてあそびながら成長していきます。身体全体の機能を使って運動して、まわりのモノや作用を探索して、それらを操作しながら微細の機能を働かせていき、やがてそれは、見立てて、意図的に構成・構造して、役を演じて、社会を再現していく幼児のあそびにひろがっていきます（「乳幼児の発達とあそび」p.140参照）。そうした子どもの育ちに応えるために、0・1・2歳児それぞれのクラスでは、子どもの月齢や発達課題にあわせて、さまざまな道具を用意します（「クラスの空間見取り図」p.146, 152, 158参照）。

　たとえば0歳児クラスでは、寝返り前から歩ける子どもまでがいて、さらに4月から3月までの1年で発達課題が大きく変化していきます。身体を大きく使える空間にして、さわったり、いじったりしてあそべるように、いろいろな形、いろいろな色、いろいろな材質、いろいろな音の出るものなどを用意します。子どもがいつでも自由に移動して、手をのばしてあそべることが大切です。おとなは子どものそばで見守り、環境に働きかけようとする姿に共感しながら安心感を与えます。

　ここでは、0歳児クラスにおきたい道具の例を紹介します。販売されている道具を購入することはもちろん、手づくりで用意します。口に入れることが多いので、洗いやすく消毒しやすいもの、そして飲みこみなどを防止するサイズのものを整えます。おとなの想像以上に大きなものを口にいれることがあるので、十分に注意する必要があります。

　これらの道具を基本にしながら実際の子どもの姿を想像して、他にアイデアはないか、何を加えるとよいか、何を組みあわせればよいかを考えながら、その後の1歳児クラス、2歳児クラスの環境を整えていきます。

　子どもは道具を通してモノの性質、扱い方、用途、応用の仕方を学びます。道具をあつかうことによってモノとモノとの関係を学びます。道具であそぶことによって、人とモノとの関係を学びます。そして、道具を通して人と人との関係も学んでいきます。大事なことは子どもの発達にあった、そして発達を促すことのできる道具を十分な数だけ整えることです。

ベビーボール

行為	・つかむ ・ふる ・追視する
発達	・動くものを追視 ・色の条件反射も形成される ・視覚上の集中も見られる ・音や人の声に反応する
道具	・ベビーボール
	・あおむけで寝ている子どもの胸の上あたりから、手を伸ばしてつかめる位置に吊るす

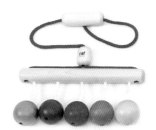

ベビートレーナー

行為	・手を伸ばす、つかむ、ふる ・体をねじる、足を上げる ・追視する
発達	・感覚への刺激　視覚、触覚、聴覚 ・目と手の協応 ・姿勢の移動（方向転換）
道具	・ベビートレーナー
補足	・あおむけに寝ている子どもの胸の上あたりに 置いて、吊るされた玩具に手を伸ばせるように にする

リングリィリング、スターこま

行為	・にぎる、ふる、なめる ・手を持ちかえる
発達	・目と手と口の協応 ・聴覚、視覚 ・行為と感覚の一致
道具	・リングリィリング ・スターこま
補足	・つかみやすさと軽さがあるとよい

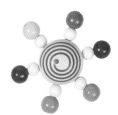

ティキ、ドリオ

行為	・にぎる ・ふる ・なめる ・反対の手に持ちかえる
発達	・視覚、触覚、聴覚 ・感覚する行為と運動が一致する ・目と手と口の協応
道具	・ティキ ・ドリオ
補足	・握りやすさと適度な重さがあると良い ・なめやすさ、口の中におさまりやすさ

丸スズ

行為	・鈴の音を聴く ・振ったり転がしたりして音を出す ・追視 ・なめる ・反対の手に持ちかえる
発達	・目と手と口の協応 ・視覚、聴覚
道具	・丸スズ
補足	・おとなが転がして音をたてる ・子どもの指がひっかかりやすい

オーボール

行為	・つかむ、放す、転がす ・なめる ・布を中に入れたり引っ張り出す ・カラーロープやチェーンを入れる
発達	・目と手の協応 ・目と手と口の協応
道具	・オーボール
補足	・手先の未発達な子どもがつかみやすい形状を している ・軽くて扱いやすい

プラケースジャラ

行為	・なめる、いじる ・音を出す、打ちあわせて音を出す ・片手または両手に持つ、反対の手に持ちかえる ・転がったものを追う ・入れたり出したり
発達	・視覚、触覚、聴覚
道具	・(手づくり) 手に持ちやすい大きさの薬ビン、プラ スチックケースにビーズやペレット、豆類、ボタン 類などを入れる
補足	・中身が出ないように点検をこまめにする ・つなぎあわせをこまめに消毒にする

布ボール

行為	・両手で持つ ・投げる、転がす ・追視する(自分で転がして、または転がったものを)
発達	・視覚、両手の協応 ・這い這い、歩行、身体像 ・空間認知
道具	・(手づくり) 布ボール(綿を固く詰める) ・(手づくり) フェルト芯(ラップ芯にビーズやペレットを入れて フタをして、フェルトを巻いたものにカラーロープでアクセ ントをつける
補足	転がすとカラーロープが渦巻き状に動く

チェーン

行為	・振る、なめる、足の指でつまむ ・音を聴く ・入れたり出したり（片手、両手） ・レンゲやスプーンですくって移しかえる ・線に沿って並べる ・見立てる
発達	・目と手、目と手と口の協応 ・数量、色、長短、空間の認識
道具	・チェーン
補足	・発達にあわせて長さ、太さ、種類、量を用意 ・ボウル、穴あき容器、パスタ容器、布張りミルク缶など組みあわせて入れたり出したり ・板積木、マット、ウレタン積木に並べる ・さらに、手先が器用になると、お手玉、ボタン、ビーズ、花はじきと組みあわせて模様をつくることができるようになる

シフォン布

行為	・頭にかける、とる、のぞく ・首や肩にかける ・容器の中から引っ張り出す ・くしゃくしゃにする、放りなげる
発達	・身体像の形成を助ける ・触覚、聴覚 ・感情、言語
道具	・シフォン布
補足	・わらべうたや役あそびの扮装にも利用できる

穴あき容器

行為	・布を入れる（片手で、または両手で押し込む） ・わしづかみ、または指先でつまんで引っ張り出す
発達	・目と手の協応 ・因果関係を知る
道具	・（手づくり）ミルク缶に布を巻いて、子どものこぶし大の穴をつくり、口をゴムでしぼめる。布は3原色（赤・青・黄）を中心に原色を用いる方が、子どもが注目しやすい
補足	・布をつなげて長くして、次々と引っ張り出すあそびに ・わらべうたにあわせて引っ張り出す ・お手玉、プラケースジャラと組みあわせて入れたり出したり

穴あき容器

行為	・入れたり出したりする ・フタを開ける
発達	・触覚や視覚などの知覚を促す ・目と手の協応 ・量の認識
道具	・(手づくり)タッパーなど透明容器のフタに穴を開ける
補足	・穴の大きさを入れるものにあわせて切る ・お手玉、チェーン、フェルトせんべい、布など、中に入れるものの素材や色を多様にすることで、発達課題に応える

ベビーキューブ

行為	・つかむ、なめる、放す ・振って音を鳴らす、音を聴く ・両手で一つずつ持って打ち鳴らす ・並べる、積む、崩す
発達	・聴覚、触覚、 ・手先の器用さ ・目と手と口の協応 ・空間認知、色の認識
道具	・ベビーキューブ
補足	・いっしょに音を鳴らしたり、積んだり、崩したり ・子どもがつかみやすい大きさになっている

お手玉

行為	・つかむ、はなす(わしづかみ→指先でつまむ) ・入れたり出したり、穴に落とす ・レンゲやおたまを使って移しかえる ・並べる、色分けする
発達	・触覚 ・手先の器用さ、目と手の協応 ・空間認知 ・色、形、数量の認識
道具	・お手玉(俵型、長細いもの、三角錐、大小長短、人形)
補足	・容器やボウルに入れたり出したり ・容器の穴とお手玉の大きさや形で難易度を変える ・スプーンやレンゲなどを加える(手首のひねり) ・絨毯の縁や窓枠、色板、リング、フープに沿って並べる ・製氷皿やトレイの区切りにあわせて並べる ・色や形を選んで並べる

フェルトリング

行為	・転がす ・指にはめる、布を通す ・チェーンを通し、両端をもってリングを滑らせる ・並べる ・中にお手玉やペットボトルキャップを詰める
発達	・目と手の協応 ・空間、色の認識
道具	・(手づくり)ラップの芯を切り、外側にフェルト、内側に布を貼る
補足	・後に見立てあそびの具材としても利用できる

マカロン

行為	・入れたり出したり ・並べる
発達	・目と手の協応 ・色、量、大小の認識 ・空間認知
道具	・(手づくり)プラスチックのフタを張りあわせて布を巻いたもの
補足	・穴あきタッパー、布貼りミルク缶などの容器などと組みあわせて入れたり出したりする ・皿、トレー、カラーリング、チェックやラインの入った布などに並べる

ボウル、ザル

行為	・入れたり出したり ・玉を入れて持って中で転がす ・顔にかぶる ・見立て
発達	・量、重さの認識 ・追視、両手の協応
道具	・ボウル、ザル
補足	・発達にあわせて、中に入れるものの種類、大きさ、形、レンゲなどと組みあわせる

布の棒

行為	・穴に落とす ・平面に立てる、並べる ・転がす
発達	・目と手の協応 ・追視 ・色、量、形、空間の認識
道具	・(手づくり)木の棒にフェルトを巻く
補足	・穴あきタッパー、パスタ容器等の穴にあわせて棒の直径サイズを決める ・柵、床板など直線を利用したり、板積木等と組みあわせて並べる

水入りペットボトル

行為	・片手でつかむ、両手で持つ、振る ・水を動かす（見る）、音を出す（聴く） ・並べる、見立てる
発達	・追視、目と手の協応 ・視覚、聴覚、触覚 ・空間、重さの認識 ・言語、感情
道具	・（手づくり）ペットボトルに薄めた水のり、ビーズ、ボタン、スパンコール等を入れたもの
補足	・カバンに入れて運ぶ、輪っかやシュシュを通す

リング

行為	・片手（足）、または両手（足）に通す、頭に乗せる ・帽子や靴に見立てて歩く ・ひもや布を結んで引き歩く ・穴からのぞく ・壁のフックにかける、取る
発達	・手のひらへの刺激 ・身体像の発達を助ける
道具	・（手づくり）フィルムケースにペレットを入れ、筒状の布に入れて、一つずつリボンで縛る ・布やプラスチックのリング

シュシュ、リング、髪どめ

行為	・手や足に通す ・水入りペットボトルに通す ・壁面のフックにかける
発達	・身体像の形成 ・両手の協応 ・量の認識
道具	・（手づくり）ゴムと布 ・シュシュや髪どめなど
補足	・ゴムの弾力が強すぎないものを選ぶ

重ねカップ、箱積木

行為	・順に重ねる、順に積む、横に並べる ・床の上を転がす ・両手に一つずつ持って打つ鳴らす ・見立てる（アイスクリームなど）
発達	・目と手の協応 ・手先の器用さ ・高低、大小、数量、順序、色の認識
道具	・ジーナ・ミニ箱積木 ・ビルディング・カップ
補足	・お手玉を入れる、レンゲで移しかえる。洗濯バサミ、チェーン、レンゲなどと組みあわせる

型はめ

行為	・形をあわせてはめる、はずす
発達	・目と手の協応 ・同一視
道具	・フォームス
補足	・発達の進んだ子どもに、大人が与える ・集中してあそべる環境をつくる

型おとし

行為	・形をあわせて穴に落とす ・フタをあけてとり出す
発達	・目と手の協応 ・形の認識 ・触覚、視覚、聴覚
道具	・Mポストボックス
補足	・丸い形から解決できる

自動車

行為	・手に持って床や線の上を走らせる ・「ブーブー」など言葉や擬音を言う
発達	・追視 ・空間知覚 ・見立て ・発声、言葉
道具	・ミニPKW ・ミニバス
補足	・床の上や、棚の上などであそぶ

円筒

行為	・積む、並べる ・手を通す ・のぞく ・転がす
発達	・手先の器用さ ・高さ、量、色の認識 ・見立て
道具	・(手づくり)紙製の芯にフェルトを巻いたもの
補足	・色板、お手玉、人形、牛乳パック積み木などと 組みあわせる

どうぶつお手玉

行為	・並べる ・鳴き声を真似る ・わらべうた、語呂あわせを言いながらあそぶ
発達	・目と手の協応 ・空間認知 ・感情、言語
道具	・(手づくり) 人形とお手玉を組みあわせてつくる
補足	・積木類、箱、リング、ロープ、布などと組みあわせる ・わらべうたや語呂あわせや即興のお話で子どもを誘う

容器のフタ・ねじ

行為	・ねじる、開ける、閉める
発達	・物の相互の性質を知る ・両手の協応 ・手先の器用さ ・手首のひねり
道具	・(手づくり) 容器とフタ、ドアノブなど ・ねじあそび
補足	・手首の返しを促す (食事のスプーンの動き)

牛乳パック積み木

行為	・持ち歩く ・並べる、積む ・またぐ、上に乗る、下りる
発達	・目と手の協応 ・重さ、空間、色の認識
道具	・(手づくり) 牛乳パックに新聞紙やダンボールを詰めて、組みあわせたブロックをキルティングでカバーする
補足	・構造的なあそびだけでなく、役あそびや運動あそびでも利用できる

板積木

行為	・並べる、積む (道路などに見立てる) ・穴に入れる
発達	・目と手の協応 ・空間認知、色の認識 ・注意力
道具	・(手づくり) かまぼこ板をサンドペーパーで表面をけずり、表裏にフェルトを貼る
補足	・構造あそびとして、車、お手玉人形、ビン人形 (2歳児)、木 (フェルト製)、積木と組みあわせる

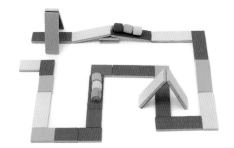

積み木

行為	・積み木を好きな形に並べる、積む ・形にあわせて丁寧に積む ・いろいろな形のものを組みあわせて積む ・できたものを命名する、見立てる
発達	・目と手の協応 ・手先の器用さ ・高さ、数量、色の認識、比較、同一視
道具	・ネフスピール ・ハニーフラワー
補足	・積んだり並べたりを十分にあそんで慣れた頃に提供する

布の絵本、木の絵本

行為	・おとなと一緒にみる、おとなの言葉に耳を傾ける ・興味のあるものに指差しする ・自分で触れて、ページをめくる
発達	・視覚、触覚、聴覚 ・言語、感情 ・目と手の協応（手先、手首の運動）
道具	・(手づくり)布の絵本 ・木の絵本
補足	・1ページに1つの絵が描かれたものの方が集中できる

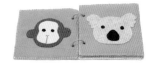

ストレートドミノ

行為	・ドミノを起こす、倒す ・ひもを引っ張ってドミノを起こす、倒す ・いじる
発達	・目と手の協応 ・手先の器用さ ・因果関係を知る
道具	・ストレートドミノ(小)
補足	・ひっぱって音がでるのを楽しむ。おとながドミ ノを立ててあげるのを倒して楽しむ

トレインカースロープ

行為	・目で追う ・繰り返し車を転がす
発達	・注意力 ・聴覚(音に集中する) ・目と手の協応
道具	・トレインカースロープ

プルトーイ

行為	・引き歩く ・動く人形を目で追う ・音を聴く
発達	・視覚、聴覚 ・空間認知 ・歩行
道具	・カラームカデ ・あひるの家族
補足	・引いて歩く時には前を向いているが、ひっかかるとそれに気づき、後ろを見る。歩行と人形の動きと空間を認知する

バランスお手玉

行為	・引きずって歩く ・首にかけて歩く
発達	・平衡感覚 ・手、足、腰の強化
道具	・(手づくり)布袋にペレットを詰めたものに首にかける部分をつけたもの
補足	・首にかけることで重心を前にする ・紐が首に巻きつかないように注意する

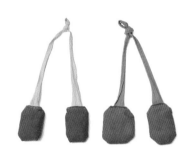

人形（くま、ベビー）

行為	・つかむ、抱く ・持って歩く、抱いて歩く ・寝かせる、食べさせる ・あやす、世話をする
発達	・触覚 ・見立て、感情 ・言葉
道具	・ジルケミニくま、ジルケミニうさぎ ・手づくり(トレーナーやセーターなどを利用して作る手長ザル) ・人形ミニマフィン
補足	・なめても毛が口に入らず洗えるもの ・綿がつめられて抱きやすい大きさのもの ・同じあそびをする子どものために数を用意

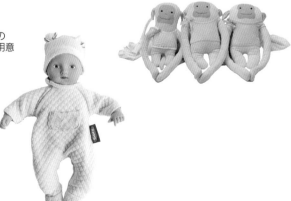

キルティングマット

行為	うつぶせ姿勢で、 ・いじる、つまむ、なめる ・引っ張る、つかむ、クシャクシャにする ・ピボットターン
発達	・視覚、触覚、聴覚 ・目と手、口の協応 ・方向転換（姿勢の移動）
道具	・（手づくり）キルティングマット
補足	・マットのふちにビーズなどをつける

ロールクッション

行為	・つま先で蹴る、乗り越える、またぐ（ジャンボクッション） ・両手と胸の下に置き上体を起こす（スモールクッション）
発達	・下肢、腕力、肩、背筋
道具	・（手づくり）ジャンボクッション／スモールクッション ・不用な毛布やバスタオルなどを巻いてカバーする

ウレタン積み木

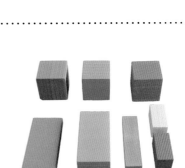

行為	・上に上る、下りる、四つ這いで渡る ・段、斜面を上る、下りる ・上にチェーンやお手玉等を並べる、積木を積む ・丸いものを転がす
発達	・平衡感覚 ・体幹、運動の発達 ・空間の認識
道具	・ウレタン積木
補足	・組みあわせや並べ方で多様な運動あそびに ・役あそびや構造あそびにも利用する ・安全（軽い、柔らかい、適度な摩擦がある）

牛乳パックサークル

行為	・出たり入ったり ・沿って並べる
発達	・空間認識 ・平衡感覚
道具	・(手づくり)牛乳パックに新聞紙やダンボールを詰めて、組みあわせてつくったブロックをキルティングでカバーする
補足	・立てて中をくぐったり、サークルの上にお手玉などを並べる ・車を走らせることものできる

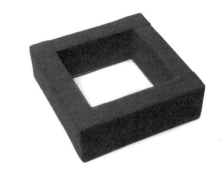

押し箱

行為	・押して歩く ・引いて歩く ・中に入ったり、出たり
発達	・空間の認識 ・平衡感覚 ・重心の移動
道具	・(手づくり)安定して押し歩いたり出たり入ったりできるように押しやすい型と高さ、大きさと重量を工夫する
補足	・箱にひもをつけると引き箱になる ・中に重いものを入れて負荷を調整する

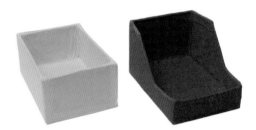

壁面遊具

行為	・鍵をいじる、扉を開閉する ・絵を見て指差す、声を出す ・まわす、目で追う、音を聴く
発達	・視覚、聴覚、触覚 ・手先の器用さ ・言語、感情
道具	・キー・ハウス ・ギザギザホイール(HABA)
補足	・キーハウスは、身近な動物や野菜、乗り物などの絵を入れる。絵を入れかえる

すべり台

行為	・這う ・四つ這いでのぼる ・お尻からおりる
発達	・空間の認識 ・体幹、四肢の発達、運動の発達 ・平衡感覚
道具	・木製すべり台
補足	・いざり這いなど左右のバランスが良くない子どもには、斜面からのぼる機会をつくる ・子どもが立ち上がらないように、壁から離して置く

トンネル

行為	・くぐる、這う ・つたい歩き ・よじのぼる、おりる
発達	・空間の認識 ・体幹、四肢の発達、運動の発達
道具	・木製トンネル
補足	・上面、床面を変えると、ろく木のような機能に 　なり、難易度が上がる

あとがき

....

　本書は、2002 年に発行した『乳児保育：一人ひとりが大切に育てられるために』（エイデル研究所）を、大幅に改訂したものです。現在の通知や基準などにあわせて情報を更新し、私自身の学びを反映しながら内容を見直しました。保育実践の写真も新たに撮影して整理し直して、読者のみなさまから以前よりご要望いただいていたカラー印刷にしました。

　長い期間にわたって、本書が多くの方々に読んでいただけましたこと、このように新たに改訂版を発行できましたことに深く感謝申しあげます。

　編集にあたって、初版で書いたものをあらためて読み直しましたが、当時の実践に対する思いをそのままぶつけていて、表現は荒く説明は不十分、若さと奢りを反省するばかりでした。1976 年に最初の保育園を開いて、本書の初版を発行する少し前の1999 年 9 月にやまぼうし保育園を開園しましたが、子どもの対応に日々悩み、職員たちと試行錯誤しながら、子どもを信じてこの実践を続けてきました。

　一方で、初版から 20 数年経った今でも、基本的には同じことをお伝えしようとしていることもわかりました。人間の本質は、どの時代でも、どの国でも変わらない、人を育てるとは何かということは変わっていないと思います。乳児期に、一人ひとりの子どもとのコミュニケーションを大切にして丁寧に保育することは、変わることなく大切なことだと思います。

　社会状況の変化により、乳児保育機能が拡充されてきました。量だけでなく質が問われるようになり、乳児保育の実践に対する理解も深まってきていると思います。一人ひとりを大切に育てることを大事にする保育施設や保育者が、増えてきたことを実感しています。各種の研究からも、乳児期の子どもがどのようなおとなと、どのように関わるかが、その後の人生に大きな影響があることもわかってきています。

　人格の形成の基本は、出会うおとなとそのおとなのふるまいや関わり方、そして、日々の生活の習慣にあるといえます。子どもは、おとなから学ぶ、おとなのふるまいから学ぶ、毎日の体験の積み重ねから学ぶのです。あらためて私たちおとなは、子どもの人権を尊重して、子どもの意思や主体性を大切にしているかどうか、もっと考える必要があると思います。

保育は、人と人との関係を紡ぐことです。保育は教育であり、人格を育てる、個性を育てる、一生を育てる大事な仕事です。一人ひとりの子どもが大切にされることは、一人ひとりの人間の人格が尊重されることであり、一人ひとりの保育者の人格も尊重されるということだと思います。

　最後に、写真の子どもたちに「ありがとう」とお伝えするとともに、写真掲載をご了承くださいました保護者のみなさまに感謝を申しあげます。撮影や編集にご協力くださいましたやまぼうし保育園の職員ならびに関係者のみなさま、そして初版に続いておつきあいくださいました郁洋舎の長谷吉洋氏に重ねて感謝を申しあげます。

　全国の保育者のみなさまが、乳児保育をよいものにしていってくださることを信じています。

著者

吉本和子（よしもとかずこ）

やまぼうし保育園元園長。1976年に社会福祉法人萬年青友の会を設立し、兵庫県におもと保育園、久々知おもと保育園、やまぼうし保育園を開園し、いずれも園長を務める。2021年に退任。乳幼児の発達をふまえた保育の実践に取り組んで、全国各地の保育施設で保育実践の指導を行う。著書に『幼児保育：子どもが主体的に遊ぶために』『積木と保育』がある。

編集協力

濱野真利子

藤原歩

滝本美恵子

倉光美和

平賀吟子

デザイン・イラスト

山本里士

装幀

野田和浩

表紙・章扉の絵

よしざわけいこ

改訂 乳児保育：一人ひとりが大切に育てられるために

2023年9月1日　初版　第1刷発行
2023年11月20日　初版　第3刷発行

著　者　　吉本和子
発行人　　長谷吉洋
発行所　　株式会社 郁洋舎
　　　　　248-0025 神奈川県鎌倉市七里ガ浜東3-16-19
　　　　　TEL.0467-81-5090　FAX.0467-81-5091
ISBN　　978-4-910467-11-5